W0366853

Stefan Terzibaschitsch · Comeback der IOWA-Klasse

Stefan Terzibaschitsch

Comeback der IOWA-Klasse

Die amerikanischen Schlachtschiffe von 1941 bis heute

mit 174 Fotos sowie 102 Seitenrissen, Decksplänen und Detailskizzen von Siegfried Breyer

Bernard & Graefe Verlag

Titelbild: USS *Iowa* (BB-61), aufgenommen bei den noch vor der Indienststellung durchgeführten Schießübungen der schweren Artillerie. Das Foto entstand im Frühjahr 1984. USN

Hinweis:
Aufgrund neuerer Veröffentlichungen wurde festgestellt, daß die Bezeichnung der Radarantenne *SRa* in Wirklichkeit FC bzw. Mk 3 lautet.

Bildnachweis Iowa-Klasse

W. Donko, S. 154 (u.); L. van Ginderen, S. 156 (o.), 164 (u.), 165, 166 (o.); L. Grazioli, S. 157 (o.); Litton/Ingalls, S. 158 (r.), 167, 170 (o.); A. Merz, S. 158 (l.); H. E. Merz, S. 152 (o. r.); R. Nerlich, S. 135; Pradignac et Léo, S. 147, 161, 164 (o. und M.); Ships of the World, S. 157 (M. und u.), 160; US Navy, amtlich, S. 130, 151 (o.), 152 (o. l.), 158 (r.), 159, 162 (u.), 163, 175; Verfasser, S. 132, 141, 144, 148, 149, 150, 151 (u.), 152 (u.), 153, 154 (o.), 155, 162 (o.), 166 (u.), 168, 169, 171, 172, 173; P. Voß, S. 156 (M. und u.).

© Bernard & Graefe Verlag Koblenz 1989
Alle Rechte vorbehalten.
Nachdruck und fotomechanische Wiedergabe, auch auszugsweise,
nur mit Genehmigung des Verlages.
Lithos: Repro GmbH, Ergolding/Landshut
Satz, Druck und Bindung: Verlagsdruckerei E. Rieder, Schrobenhausen
Printed in Germany

ISBN 3-7637-5862-3

Inhalt

Die Reaktivierung der vier „Iowa's" 1982–1988

Vorwort

Am 7. Dezember 1981 jährte sich zum 40. Male der ,,Tag der Schande", der Tag des japanischen Trägerflugzeug-Angriffs auf Pearl Harbor. Das Hauptziel des damaligen Überfalls war die Vernichtung der dort versammelten amerikanischen Schlachtschiffe. Zwei davon – die *Arizona* und die *Oklahoma* – wurden versenkt, sechs andere beschädigt, neben noch anderen Kriegsschiffen. Die meisten beschädigten Schiffe wurden repariert oder auch umgebaut und sie halfen in den nachfolgenden Jahren den Flugzeugträgern, die japanische Seeherrschaft nach und nach zu eliminieren.

Wenngleich die Gattung der Schlachtschiffe insbesondere nach dem Zweiten Weltkrieg, in der Zeit der Einführung von Lenkwaffen und von weitreichenden elektronischen Ortungsanlagen, stark an Bedeutung verlor, so bewiesen die Feuerschutzeinsätze während des Korea- und des Vietnam-Krieges, daß infolge des Vorhandenseins ihrer schweren Geschütze ihre Indiensthaltung durchaus gerechtfertigt war, wenn es entweder um die Unterstützung der eigenen Truppen bei amphibischen Landungen ging, oder um die präzise Bekämpfung von gegnerischen Befestigungswerken auf Entfernungen von nahezu 40 km.

Auch nachdem die letzten U.S.-Kreuzer mit ihren mittel-kalibrigen Geschützen ausgesondert wurden, gab der Kongreß der Vereinigten Staaten nicht die Genehmigung zur Verschrottung der letzten vier Schlachtschiffe der *Iowa*-Klasse, von denen je zwei auch noch gegenwärtig an der Ost- bzw. Westküste der USA ,,eingemottet", d. h. konserviert in Reserve liegen.

Die infolge des sowjetischen Einfalls in Afghanistan notwendig gewordene Erweiterung der amerikanischen Flottenpräsenz auf dem Indischen Ozean stellt neue Anforderungen an die U.S. Navy. Die Reaktivierung eines oder aller vier Schiffe der *Iowa*-Klasse ist zunehmend Gegenstand von ernsten Erwägungen einflußreicher Politiker und Militärs in den USA. Das erste Auftreten des sowjetischen ,,Schlachtkreuzers" *Kirow* im Jahre 1980 war ein weiterer Anlaß zu Diskussionen über Möglichkeiten und Kosten der Reaktivierung und Modernisierung dieser ,,einzigen Schiffe, die wie Kriegsschiffe aussehen".

So kommt es, daß der Gattung der Schlachtschiffe, die noch 1976 vom Verfasser dieser Zeilen als eine sterbende Gattung angesprochen wurde, noch keineswegs tot ist, wenngleich man sich darüber im klaren sein muß, daß eine mögliche Reaktivierung samt Umbau pro Schiff mehr als 500 Mio. $ verschlingen würde.

In diesem Buch sind enthalten:

- Zeichnungen und Fotos all derjenigen Schlachtschiffe, die im Zweiten Weltkrieg eingesetzt oder für ihn geplant wurden, d. h. vom alten Schulschiff *Wyoming* bis zu der nicht realisierten *Montana*-Klasse
- Kurze Einführungs-Texte für jede Klasse
- sämtliche dazugehörigen im Ursprungs-Band vorhandenen ausführlichen Tabellen mit Baudaten und technischen Angaben.

S. T.

Schlachtschiffklassen der U. S. Navy

Wyoming-Klasse

Nach Beginn des „Dreadnought"-Zeitalters kurz vor dem Beginn des Ersten Weltkriegs und im Zuge des von allen großen Seemächten mitgemachten Trends zur gegenseitigen Überrundung in Stärke und Qualität ihrer Schlachtschiffe waren die Amerikaner stets nur die Antwortenden auf progressive Schritte, die die übrigen Großmächte vorgaben. Vor allem Japan, dann aber auch Großbritannien, Deutschland, Frankreich und Italien gehörten zu diesen Seemächten, nicht zu vergessen Rußland.

Während das größte Geschütz-Kaliber der Vorgänger-Klassen *South Carolina, Delaware* und *Florida,* nämlich 30,5 cm, beibehalten wurde – es war der letzte amerikanische „Dreadnought" mit diesem Kaliber – steigerte man bei der *Wyoming*-Klasse nochmals die Anzahl der schweren Geschütze. Nachdem die *South Carolina*-Klasse vier Doppeltürme mit Geschützen dieses Kalibers hatte, und die *Delaware*- und *Florida*-Klassen auf fünf Doppeltürme ausgelegt waren, steigerte man auf den beiden Einheiten der *Wyoming*-Klasse die Anzahl auf sechs Doppeltürme, was wiederum in einer Mehrlänge des Rumpfes von rund 11,3 m und einem Mehrgewicht von rund 4.300 ts resultierte.

Die beiden Schiffe *Wyoming* und *Arkansas* wurden 1909 zum Bau freigegeben und bis zum Herbst 1912 fertiggestellt. Bereits 1919 fand der erste einer Serie von Umbauten statt, wobei – wie bei allen späteren Klassen auch – einige Kasemattgeschütze des Kalibers 12,7 cm entfernt wurden, da ihre Wirkung durch überkommendes Seewasser stark beeinträchtigt wurde. Es ist hier nicht der Platz, alle Einzelheiten der einzelnen Umbauaktionen zu schildern; das jeweilige Aussehen in der Zeit vor dem Ausbruch des Zweiten Weltkriegs und im Krieg selbst ist aus den entsprechenden Zeichnungen zu ersehen. 1925/27 folgte die Umstellung von Kohle- auf Ölfeuerung, der Ausbau der TR (die unter Wasser abgeschossen werden konnten) und die Aufstellung eines Flugzeug-Katapults auf dem Geschützturm P. Die hierfür erforderlichen Kräne wurden aufgestellt und die Deckspanzerung verstärkt, der Rumpf erhielt Torpedo-Wulste.

Nur *Arkansas,* obwohl schon recht betagt, wurde im Zweiten Weltkrieg aktiv eingesetzt. *Wyoming* dagegen wurde bereits seit Mitte 1931 als Artillerie-Schulschiff umgebaut und zu AG 17 reklassifiziert. Nach mehreren Umbauperioden erhöhte sich die Wasserverdrängung (voll beladen) der *Arkansas* auf rund 31.000 ts.

Durch die Änderungen beim Umbau 1925/27 und 1942 wurde die Silhouette der *Arkansas* um einiges verändert (Wegfall des früher vorhandenen zweiten Schornsteins, Ersatz der Korb-Gittermasten durch Dreibeinmasten, Installation zusätzlicher Waffen-, Feuerleit- und Ortungsgeräte).

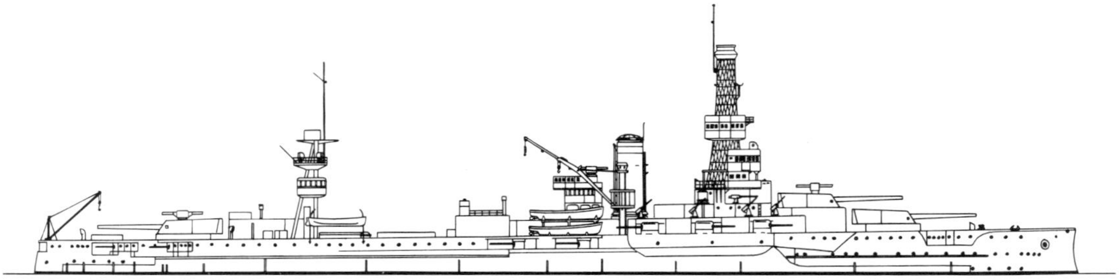

Wyoming 1935, bereits als AG 17. Leere Barbetten der drei ausgebauten schweren Türme. Wegfall der Heck-12,7-cm-Kanone, sechs Kasemattgeschütze ein Deck höher gesetzt. Flak. Nur ein Schornstein. Achterer Mast als Dreibein weiter hinten als vorher der Korbmast.

USS Wyoming *in 1935. The ship was then reclassified AG 17. Note the empty barbettes of her three former heavy gun turrets. The fantail-mounted 12.7 cm gun was removed. Six of her casemate guns had been mounted one deck higher while AA guns were added. There is only one single funnel left. Her aft cage mast was replaced by a tripod mast moved farther aft.*

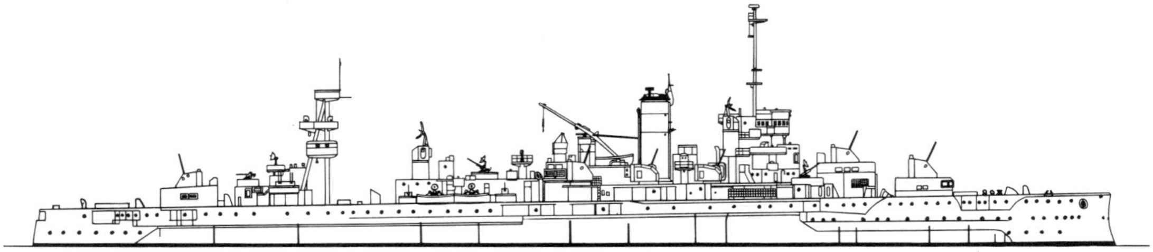

Wyoming 1944. Letztes Aussehen nach Ausbau des vorderen Korbmastes. Mittlere Turm-Barbetten überbaut, auf den vorderen und achteren befinden sich 12,7-cm-L/38-Doppeltürme. An der Steuerbordseite eine offene Lafette, zwei Einzeltürme, ein Doppelturm. Mittschiffs und auf der Brücke Mk-37-Leitgerät mit Feuerleitradar. Seitenpanzerung entfernt.

USS Wyoming *in 1944. The picture shows her final form after the removal of her fore cage mast. The ship bears 12.7 cm L/51 twin-turrets on old barbettes as well as an open single-mount, two single-turrets and one twin-turret on her starboard side. Mk 37 fire control gear are rigged amidships and on her bridge top. The vertical armour has been removed.*

Wyoming in den dreißiger Jahren nach Umwandlung zum Artillerieschulschiff. Entfernungsmesser auf dem achteren Turm und auf dem Aufbau hinter dem Schornstein. Bemerkenswert die durch eine Platte zugeschweißte Kasemattenöffnung am Heck. Mittlere Kasemattgeschütze erhöht im „Erker", der über die Außenhaut hinausragt. Die mittleren schweren Geschütztürme fehlen. Sammlung A. Barilli

USS Wyoming *as a Gunnery Training Ship in the 1930s. Range-finders are mounted on top of her aft gun turret and on the superstructure abaft the funnel. The stern casemate gunport has been plated over. The casemate guns in midships position have been raised to the upper deck and placed in bays overlapping the ship's sides. The heavy gun turrets in midships position are removed.*

Wyoming als Fla-Schulschiff. Drei der 30,5-cm-Geschütztürme sind noch an Bord. Verschiedene 12,7-cm-Doppel- und Einzeltürme sowie offene 12,7-cm-, 40- und 20-mm-Lafetten in unsymmetrischer Anordnung an Backbord- und Steuerbordseite. Foto 6/1942

USS Wyoming *as an AA Training Ship. Three of her 30.5 cm gun turrets are still in place. Note the various other guns borne — the 12.7 cm guns in twin- and single-turrets as well as the 12.7 cm and the 40 mm und 20 mm AA guns in open mounts. They are emplaced asymetrically on the ship's port and starboard sides.*

Wyoming, Backbordansicht mit zugeschweißten Kasemattöffnungen und leichtem Tarnanstrich. Foto 6/1942

USS Wyoming *showing her port side. The casemate gunports have been plated over. Note the camouflage painting.*

Wyoming 1944 nach Entfernung der 30,5-cm-Türme, an deren Stelle nunmehr 12,7-cm-Doppeltürme installiert wurden. Tarnung nach Muster 22, zweifarbig. Der vordere Korbmast wurde erst später demontiert und durch einen einfachen Pfahlmast ersetzt. Die Seitenpanzerung wurde entfernt.

USS Wyoming *in 1944 with her former three 30.5 cm gun turrets removed. They were replaced by 12.7 cm twin-turrets. Note the two-colour camouflage according to Measure 22. The fore cage mast was later removed and replaced by a light pole mast. The vertical hull armour was also removed.*

Wyoming 1944, nach Entfernung des vorderen Korbmastes. Tiefste Stelle des Oberdecks befindet sich achtern. Von da an steigt die helle Tönung des Rumpf-Anstrichs gemäß Schema 22 mit der Oberdecklinie, während die obere Kante der dunklen Tönung parallel mit der Wasserlinie verläuft.

USS Wyoming *in 1944 after the removal of her fore cage mast. Note the camouflage painting in accordance with Measure 22, i. e. the tint parallel closest to the deck line and the dark parallel next to the water line.*

OUR NAVY PHOTO

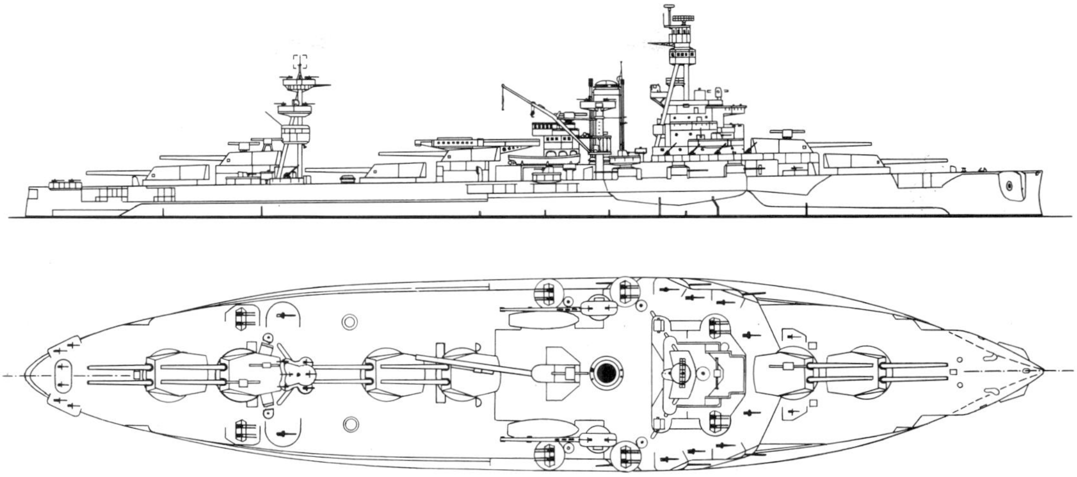

Arkansas 1942. Vorn Dreibein anstelle des Korbmastes. Alle tieferliegenden Kasemattgeschütze ausgebaut. An Deck Geschützwannen für 40-mm-, Splitterschutz für 7,6-cm-Flak installiert. Auf Vordermast SRa-, achtern SC-Radarantenne. Maschinenflak neben dem Schornstein und auf Plattformen des achteren Mastes.

USS Arkansas *in 1942. Her fore cage mast has been replaced by a tripod mast. All remaining lower casemate guns were removed. Sponson-mounted 40 mm AA guns were emplaced on deck and splinter-proof shields for her 7.6 cm AA guns added. SRa and SC antennas were rigged on her fore and aft masts, respectively. Platforms carrying AA machine guns were placed around her aft mast and on either side of her funnel.*

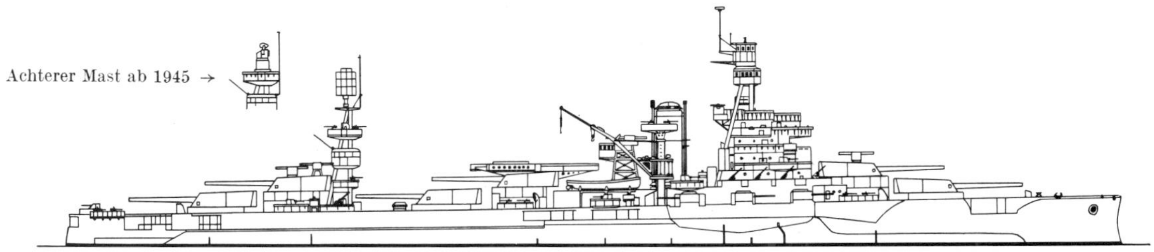

Arkansas 1944. Modifizierte Brücke. Veränderung des achteren Mastes; nunmehr SK-Radar darauf. Vom Bug zum Heck insgesamt abfallende Deckslinie.

ab 1945 Mk 37 Feuerleitgerät auf dem achteren Mast.

USS Arkansas *in 1944. Her bridge superstructure and her aft mast were modified. Likewise, a SK radar screen was installed on her aft mast. Note the deck inclination toward her stern.*
The ship's aft mast equipped with a Mk 37 fire control gear in 1945.

Mittelschiff der *Arkansas* Anfang der dreißiger Jahre. Zwei Flugzeuge auf dem Katapult des Turms 3. „Erker“ für 12,7-cm-L/51-Kasemattgeschütze und eine offene 12,7-cm-Lafette neben der Brücke. Sammlung A. Barilli

USS Arkansas *in the early 1930s showing her midships section. There are two seaplanes on the catapult on top of turret 3. A 12.7 cm L/51 casemate gun is placed in a gunbay, whereas an open-mounted 12.7 cm gun is installed abreast the bridge.*

Luftansicht der *Arkansas,* ebenfalls in den dreißiger Jahren. Sonnensegel neben Brücke und Geschützturm B. Geschütz Q nach Backbord geschwenkt. Entfernungsmesser auf den Türmen B und X.

Aerial view of USS Arkansas *in the early 1930s. An awning has been installed abreast the bridge and B-turret. Her Q-turret is swung to her port side. Note the rangefinders on top of B- and X-turrets.*

Arkansas im II. Weltkrieg mit kleiner Kenn-Nummer am Bug, modifizierter Brücke, zahlreichen Flakständen und abgeklappten Verschlußplatten der Kasematten.

USS Arkansas *during World War II with a small-sized pennant number on her bow, modified bridgework, and numerous AA gun stations. Note the locking plate of the casemate gunport tilted open.*

Arkansas 1945, hoch im Wasser liegend, mit deutlichen Spuren des Kriegseinsatzes. SK-Radarantenne wanderte vom achteren Mast auf den vorderen. Darunter befindet sich auch noch SRa. Die Brücke und der achtere Mast erhielten neuere Feuerleitgeräte und Flakstände.

Foto J. A. Casoly, Sammlung Fr. Villi

USS Arkansas *in 1945 riding high at sea. Note the traces of war actions. The SK radar screen has been moved from aft to fore position (SRa screen below it). Her aft mast and her bridge have instead been equipped with a modern fire control gear and AA gun stations.*

New York-Klasse

Als Nachfolger der *Wyoming-Klasse* sollten diese Schiffe eine weitere Steigerung der Hauptbewaffnung erhalten. Zunächst dachte man an die Aufstellung eines siebten Doppelturms; dies jedoch hätte erneut zu einer beträchtlichen Verlängerung des Schiffsrumpfes geführt, ein Weg, den man vor dem Ersten Weltkrieg noch nicht bereit war zu beschreiten. Als Alternativen blieben die Verwendung von fünf Drillings-Türmen mit Geschützen des Kalibers 30,5 cm oder aber mit Doppeltürmen des nächsthöheren Kalibers 35,6 cm. Die letzte Lösung wurde gewählt, und das Kaliber 35,6 cm damit in der U.S.-Navy eingeführt.
Noch nicht völlig gelöste Probleme bei der Entwicklung der Getriebe-Turbinen und der Glaube an die größere Wirtschaftlichkeit führten hier nochmals zum Einsatz von Kolbenmaschinen. Die einzelnen Umrüstungen fanden grundsätzlich im gleichen Umfang wie bei *Arkansas* statt, wobei 1926 ebenfalls die Kohlefeuerung durch Ölfeuerung ersetzt wurde. Zumindest zeitweilig befand sich das Flugzeugkatapult an der Steuerbordseite *neben* dem mittleren 35,6-cm-Doppelturm. Der Ersatz *beider* Korb-Gittermasten durch Dreibeinmaste erfolgte bereits beim ersten großen Umbau in der Mitte der 20er Jahre.
Beide Schiffe dieser Klasse waren Pioniere der Radarortung in der U.S.-Navy. Bereits 12/38 erhielt *New York* die XAF-Antenne über der Brücke (s. Foto). *Texas* folgte kurz danach mit der CXZ-Antenne.
Bemerkenswert ist die anfangs der 40er Jahre durchgeführte Erhöhung des Höhenrichtwinkels bei den meisten großkalibrigen Geschützen einiger Klassen von 15 auf 30°. Damit wurden wesentlich günstigere Voraussetzungen für eine größere Reichweite und einen steileren Auftreffwinkel – vor allem auch beim Küstenbeschuß – geschaffen.
Im Zweiten Weltkrieg veränderte sich das Aussehen der beiden Schiffe nur unwesentlich durch den verstärkten Zugang der leichten Flak.

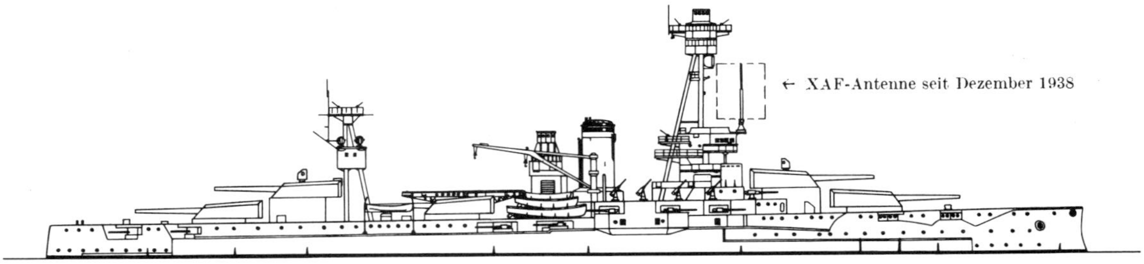

New York 1938. Wegfall eines Schornsteins. Austausch beider Korbmasten gegen einen hohen und einen niedrigeren Dreibeinmast. 6 12,7-cm-L/51 ein Deck höher gesetzt. Zwei weitere offen auf dem Seitendeck. 7,6-cm-Flak befindet sich geschlossen neben dem Brückenaufbau. Zeitweilig war neben Turm Q an der Steuerbordseite noch ein weiteres Katapult festzustellen.

USS New York *in 1938. Her second funnel was removed. Her cage masts have been replaced by tripod masts of different height. Six of the 12.7 cm L/51 guns were raised to the next deck, two of them occupying open mounts on the side deck. This was done to protect them from breaking seas. All 7.6 cm AA guns are concentrated around the ship's bridge superstructure. Temporarily, an additional catapult was carried aside Q-turret on starboard.*

New York während des Krieges, etwa 1944, mit Tarnungsschema 22, kleiner Kenn-Nummer vorn und allerlei Flakständen. Rettungsflöße an den Turmflanken, 20-mm-Flak auf den Masttopp-Plattformen. SRa Radarantennen auf dem vorderen Mast und hinter dem Schornstein.

USS New York *during the war, probably in 1944, with her camouflage painting according to Measure 22, "graded system", a small-sized pennant number on her bow, and numerous AA gun stations. The life rafts are attached to the sides of the heavy gun turrets. 20 mm AA guns are mounted on platforms atop the masts. SRa radar screens are carried on her foremast and abaft the funnel.*

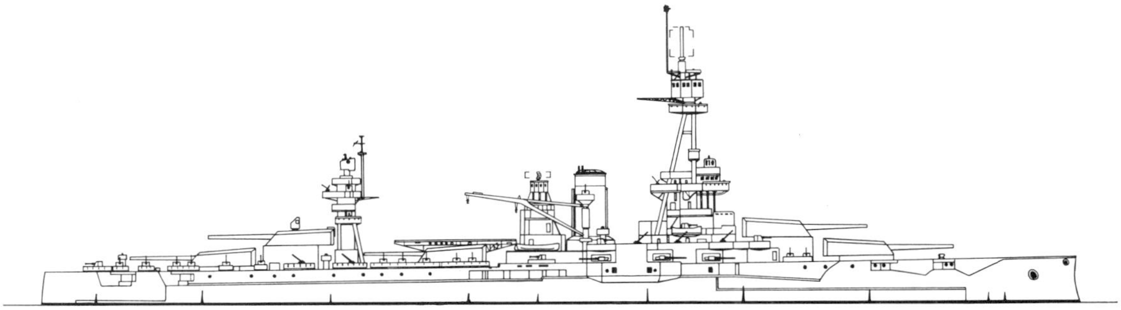

New York 1945. Auch hier insgesamt abfallende Deckslinie. Die beiden tiefer liegenden 12,7-cm-L/51-Geschütze wurden entfernt. Massierung der leichten Flak auf dem Oberdeck. SRa-Radar auf dem Turmaufbau hinter dem Schornstein.

USS New York *in 1945. Note her deck inclined toward her stern. The two lower 12.7 cm L/51 guns have been removed. Light AA guns are massed on deck. A SRa radar is installed abaft her funnel on her tower structure.*

Brückenpartie der *New York* 1939 während der Versuche mit der ersten operativ eingesetzten bordgestützten Radarantenne der U.S.-Navy, XAF. Darunter die obere Brücke, die gepanzerte Zitadelle und die offene 12,7-cm-L/51-Kanone, dahinter eine 7,6-cm-Flak.

Foto "USNI Proceedings"

The bridge superstructure of USS New York *in 1939 during tests with the first operational shipboard radar of the U.S. Navy called XAF. Note the upper bridge and the conning tower below. The 12.7 cm L/51 gun next to the bridge is placed in an open mount.*

New York 1945 nach Rückkehr aus dem Kriegseinsatz an der Westküste der USA. Rumpf in Höhe der Wasserlinie unter Turm A beschädigt. Auf dem Vordermast nunmehr drei Radarantennen: SG, SK und SRa. 20-mm-Flakstände auf dem vorderen und achteren Mast. Erfolgs-Evidenz ist auf der Brücke angemalt. Es kann nicht mit Sicherheit gesagt werden, ob es sich bei der entlang des Rumpfes sichtbaren Leitung um eine Außen-Treibstoffleitung handelt. Je ein neueres Feuerleitgerät sind auf die Brücke und den etwas veränderten achteren Mast gesetzt worden.

Foto J. A. Casoly, Sammlung Fr. Villi

USS New York *in 1945 returning from the theatre of war to the US Westcoast. Note her hull damaged below A-turret right above the water line. The SG, SK, and SRa radar antennas are carried on her foremast. Also note the 20 mm AA gun stations on both her masts. Evidence marks have been painted on the flanks of her bridge. The pipes visible along her hull line may be fuel pipelines. Newer models of fire control equipment are installed atop the bridge and the slightly modified aft mast.*

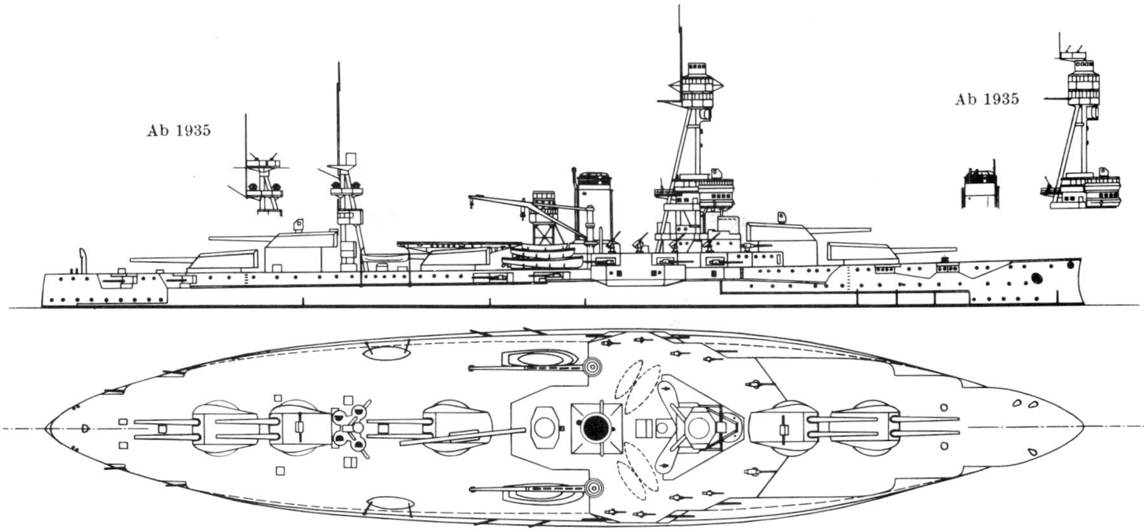

Texas 1930. Aussehen generell wie *New York* um diese Zeit.

vorderer Mast ab 1935.

achterer Mast ab 1935.

USS Texas *in 1930. She resembles the* New York *in appearance at that time.*

Shape of her fore mast as of 1935.

Shape of her aft mast as of 1935.

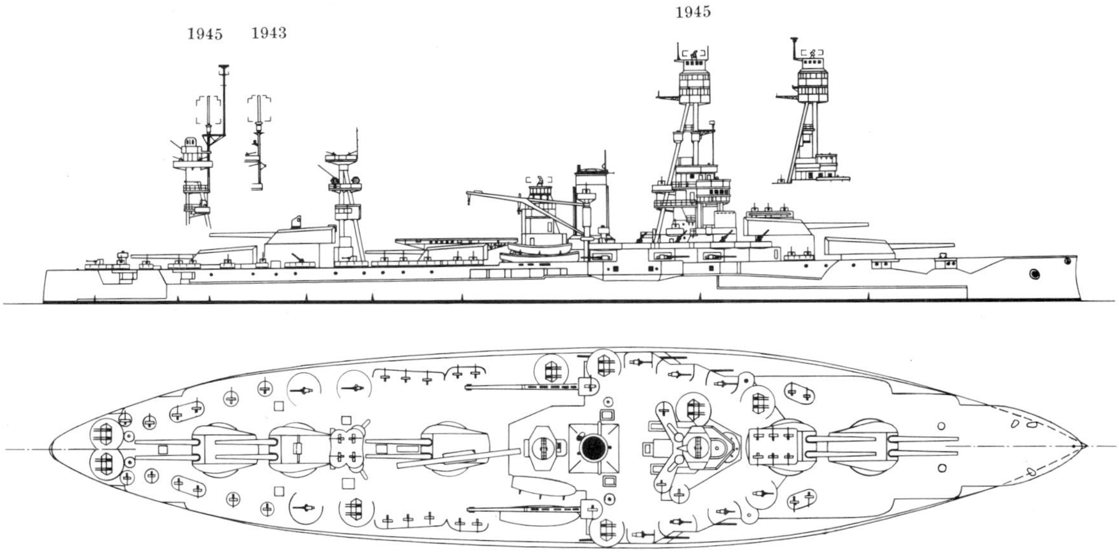

Texas 1942. SRa-Radarantenne auf Vordermast und hinter dem Schornstein. Plattform für 20-mm-Flak auf Turm B. Der Decksplan ist hier „unsymmetrisch“: an Backbordseite ist die Aufstellung der leichten Flak nach der Umgruppierung 1945 eingezeichnet.

achterer Mast ab 1945 bzw. 1943 mit SK-Radarantenne.

USS Texas *in 1942. SRa radar antennas are installed on her fore mast and abaft her funnel on the tower structure. 20 mm AA guns are mounted on platforms on top of her B-turret. Her deck plan is "asymmetrical". Her port side shows the light AA battery after the regrouping in 1945.*

Her modified aft mast as of 1945 and 1943, respectively, carrying a SK radar antenna.

Eine der bekanntesten Luftaufnahmen der *Texas*, etwa Anfang 1944. Gezackter Verlauf der Oberdeckslinie, ausgeschwenkte Kasemattgeschütze. SRa und SC Radar auf dem Masttopp.

The foreward section of USS Texas, *probably in 1943. A small-sized pennant number is painted on her bow above the water line. Note the SC radar screen placed above the SRa antenna. The casemate guns are swung out.*

Sehr instruktive Aufnahme der *Texas* im Kriegs-look: Tarnung nach Schema 22, zahlreiche Nester für 40-mm- und 20-mm-Flak, auch auf den Geschütztürmen B und X. Ausgeschwenkte Kasemattgeschütze. SK-Radarantenne auf dem achteren Mast ist hier kaum sichtbar. Foto 4/1944

Very instructive aerial view of USS Texas *in her wartime look. The camouflage painting is in accordance with Measure 22. Numerous 40 mm and 20 mm AA gun stations have been installed everywhere, even atop the B- and X-turrets. The casemate guns are swung out. Note that the radar screen on her aft mast is hardly visible.*

Texas 1945, nach Rückkehr aus dem Krieg an die Westküste der USA, mit paradierender Besatzung. Zwei SRa-Antennen an Bord, sowie SK auf dem achteren Mast.
Foto J. A. Casoly, Sammlung Fr. Villi

USS Texas *returning from the theatre of war to the US Westcoast in 1945. The crew are manning the rails. The ship is still carrying two SRa screens in addition to one SK antenna on the aft mast.*

Texas nach dem Krieg als Denkmalsschiff bei Houston. Die beiden SRa-Antennen sowie SK auf dem achteren Mast wurden belassen. Foto "Texas Highway Department"

USS Texas *as a memorial ship near Houston after World War II. Note the two SRa's and the SK screens still mounted on her masts.*

Nevada-Klasse

Eines der beiden besonderen Erkenntnisse dieser Klasse ist die Änderung der Charakteristik des Panzerschutzes. Aufgrund der bei den Schießübungen im Jahre 1912 gemachten Erkenntnis mußte einerseits der Panzerschutz lebenswichtiger Teile der Schiffe verstärkt werden, andererseits zur gleichen Zeit der Unterwasserschutz erweitert werden. Wollte man dabei weiterhin in der bisherigen Art und Weise die *meisten* Schiffsteile durch Panzerung schützen *und* auch noch die Panzerdicke steigern, so wäre der Gewichtsanteil der Panzerung in einem nicht mehr zu verantwortenden Maß angewachsen. Durch die Einsicht der Unmöglichkeit der Verwendung einer stärkeren Panzerung für *alle* bisher geschützten Teile entstand als neuer Begriff die „all-or-nothing"-Panzerung. Verstärkt geschützt wurden von nun an nur die lebenswichtigen Teile, während die anderen völlig ungeschützt blieben.
Gerade in Verbindung mit diesem neuen Konzept der Panzerung galt es, eine größere Konzentration durch mögliche Verringerung der gepanzerten Flächen zu erreichen. Hilfreich war dabei die erstmalige Anwendung von 35,6-cm-Geschützen in Drillingstürmen. Man kehrte hierbei zur früher praktizierten Endaufstellung von je zwei Geschütztürmen vorn und achtern zurück, wobei die tiefer gelegenen Türme A und Y je drei, die beiden überhöhten B und X je zwei Rohre hatten. Somit konnte die Stärke der *New-York*-Klasse erreicht, zugleich aber ein Geschützturm eingespart werden.
Nach den bisherigen „flushdeck"-Typen war ein weiteres Kennzeichen der *Nevada*-Klasse das langgezogene Backdeck, das erst nach ca. 3/5 der Rumpflänge ein Deck tiefer abgesetzt wurde. Dies bewirkte, daß nach dem ersten großen Umbau Mitte der 20er Jahre die in Kasematten befindliche mittlere Artillerie noch höher und daher „trockener" untergebracht werden konnte.
Neben der Aufstellung eines Flugzeugkatapults in üblicher Art (hier auf Geschützturm X) kam noch ein zweites Katapult auf die Schanz. Schiffe dieser Klasse erhielten von vornherein Ölfeuerung.
Beide Schiffe dieser Klasse erlitten 12/41 beim japanischen Angriff auf Pearl Harbor schwere Beschädigungen. Während *Oklahoma* so schwer getroffen wurde, daß eine Wiederinstandsetzung nicht mehr lohnte, wurde *Nevada* in einem Jahr mit gründlich veränderter Silhouette umgebaut. Für die Schiffserkennung war hierbei besonders der überdimensionale schräge Schornsteinaufsatz bemerkenswert.

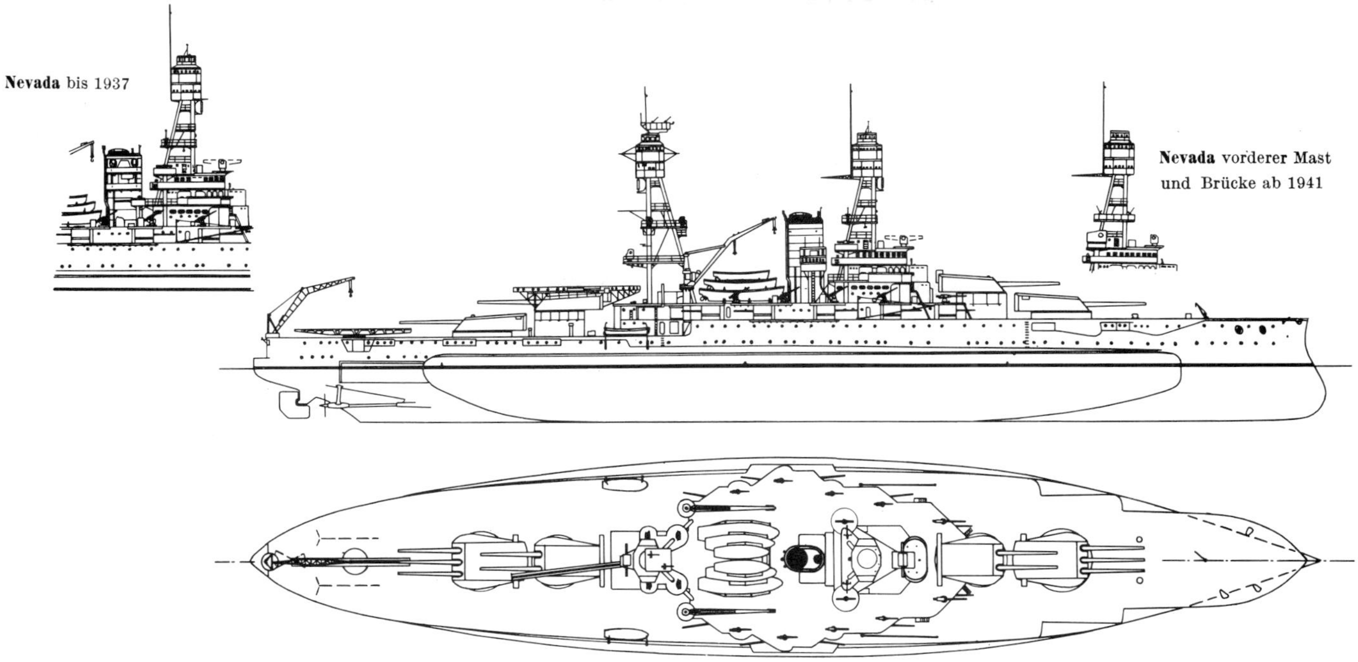

Nevada 1938. Längeres Achterschiff gestattet Aufstellung eines Katapults. Achtern nunmehr gewaltiger Dreibeinmast. Neue Brückenaufbauten. 12,7-cm-Kasemattgeschütze ein Deck höher gesetzt. Konzentrierte Lagerung der Schiffsboote. Rumpfwulste.

vorderer Mast und Brücke ab 1941.

Mittelschiff bis 1937.

USS Nevada *in 1938. Her long quarterdeck permitted the installation of a catapult on the fantail. Her aft mast was replaced by a huge tripod structure. Her bridge was reconstructed. The 12.7 cm casemate guns have been raised to the next deck. Note the concentrated stowage of the ship's boats. Bulges were added.*

Her foremast and her bridge as of 1941.

Her midships section till 1937.

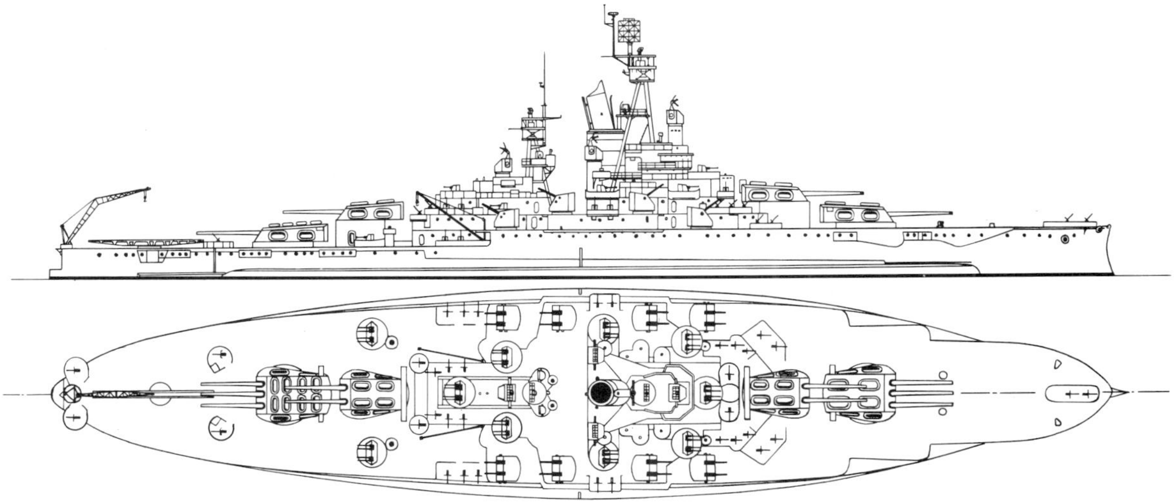

Nevada 1945 nach Totalumbau. Völlig verändertes Aussehen. SK-Radar auf Vordermast. 20-mm-Flak auch an Bug und Heck. Rettungsflöße an den 35,6-cm-Türmen angebracht. Aufstellung der 12,7-cm-L/38-Doppeltürme wie auf *Tennessee*.

USS Nevada *in 1945. After her total reconstruction she completely differs in appearance. She now has an oblique funnel cap and a SK radar screen on her foremast. Both her bow and her stern carry 20 mm AA guns. The life rafts are stowed on the sides of her 35.6 cm gun turrets. Her 12.7 cm L/38 twin-turrets are arranged in a similar way as on board the* Tennessee.

Nevada etwa Mitte der dreißiger Jahre. Vordere und achtere Kasemattgeschütze fehlen, die mittleren sind auf Oberdeck-Niveau. Eine der beiden Ankerklüsen ist leer. Die Umrisse des Schiffes werden achtern durch ein zweites Schiff beeinträchtigt; wahrscheinlich ist es *Oklahoma*.
Sammlung S. Breyer

USS Nevada, *probably in the middle of the 1930s. Note that the fore and aft casemate guns have already been removed whereas the midships casemate guns have been mounted on upperdeck level. One of the hawse holes is empty. Due to a second battleship, possibly the USS* Oklahoma, *the aft part silhouette of USS* Nevada *is not clearly visible.*

Nevada im II. Weltkrieg, unmittelbar nach dem Umbau. Bemerkenswert der ausgefallene Schornsteinaufsatz. Vier Mk-37-Leitgeräte (auf der Brücke, neben dem Schornstein und hinter dem kurzen achteren Dreibein) mit Feuerleitradar dienen der Feuerleitung der 12,7-cm-Geschütze.
Foto 12/1942

USS Nevada *during World War II, immediately after her reconstruction. Note the unique funnel cap, and the four gunnery control instruments Mk 37 on top of the bridge, abreast the funnel, and directly abaft the short aft tripod. The fire control radar is carried atop the Mk 37s.*

Leicht achterliche Ansicht der *Nevada* nach dem Umbau. Knick im Achtersteven. Kleine Kenn-Nummer auch achtern neben dem 40-mm-Flaknest. SRa-Radarantenne in doppelter Ausführung an Bord. Laufsteg in der Schiffsmitte ragt über Deckskante hinaus. 12,7-cm-Doppeltürme in alle Richtungen geschwenkt. Flugzeugkran auf der Schanz.
Foto 12/1942

Slightly oblique view of USS Nevada *from abaft after her reconstruction. Note the break in her quarterdeck and the small-sized pennant number aft, close to the 40 mm AA gun station. Two SRa radar antennas are installed. The midships catwalk overlaps the deck side. The 12.7 cm turrets are swung out to different directions. The aft aircraft crane has been stepped into the fantail.*

Nevada 1944 beim Beschuß von Cherbourg. Immer noch sind die beiden SRa-Antennen sichtbar, aber jetzt auch noch SK auf dem Vordermast. 12,7-cm-Rohre zur sofortigen Flugzeugabwehr erhöht. Sammlung Barilli

USS Nevada *in 1944 during the bombardment of Cherbourg. She is still carrying the two SRa radar antennas, but has been rigged with an additional SK antenna on her foremast. The 12.7 cm guns are swung out and elevated against enemy aircraft.*

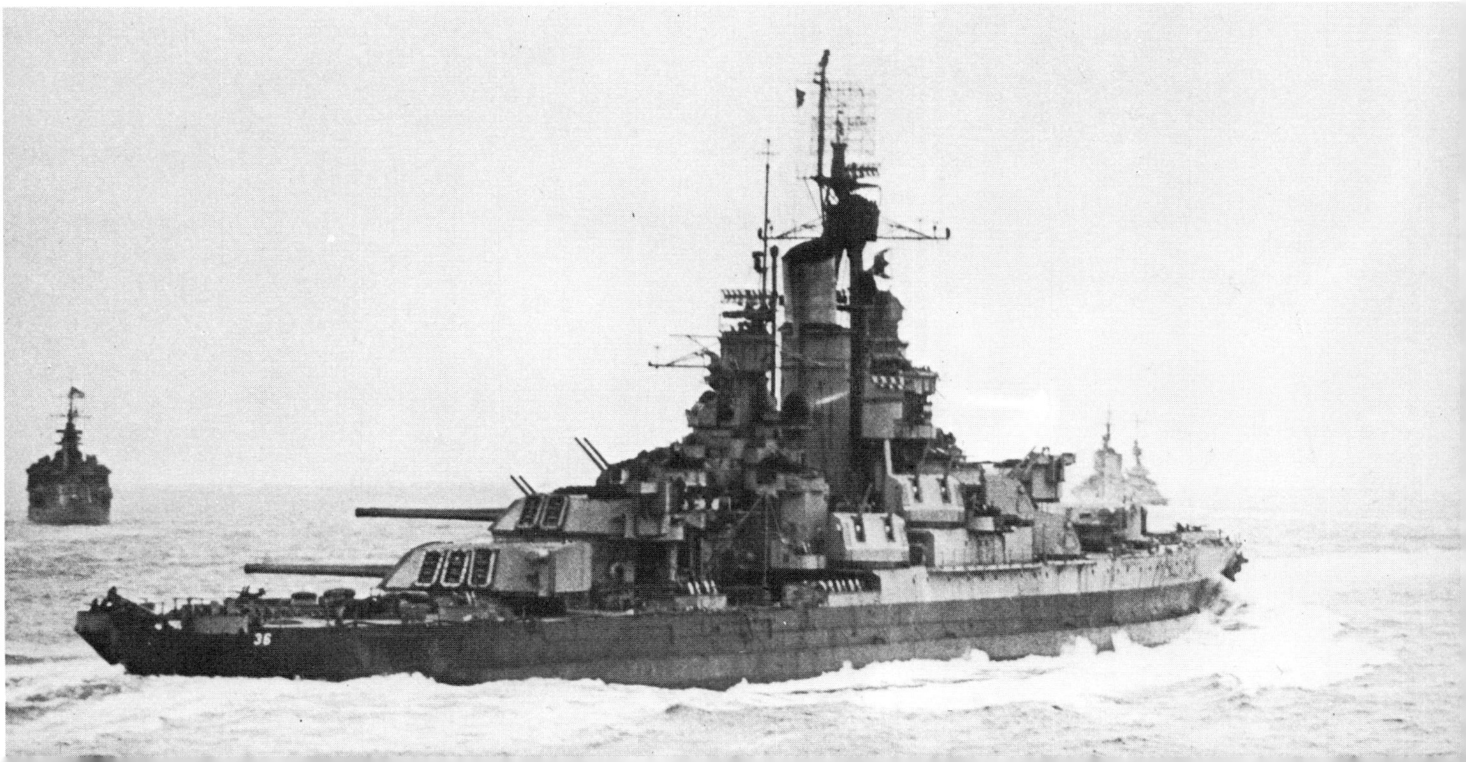

Nevada mit Anstrich nach Schema 22. Längliche 20-mm-Flak-Wanne auf dem Vorschiff, Massierung der Flak im Bereich des Mittelschiffes. SK- und SRa-Radarantennen sind auf dem vorderen Mast sichtbar.

OUR NAVY PHOTO

USS Nevada *with camouflage painting according to Measure 22. Note the elongated counter-sunk 20 mm AA gun stations on her forecastle. Her AA guns are massed midships. The SK and SRa antennas are visible on her foremast.*

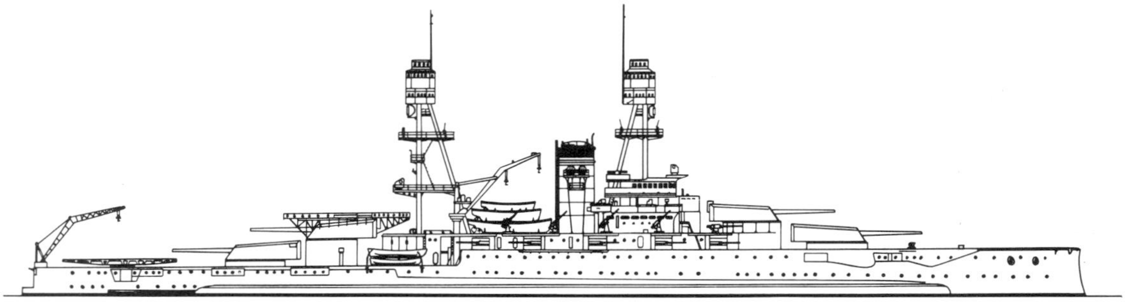

Oklahoma 1936. Umfassende Abstützung (Unterkonstruktion) des Katapults auf Turm X.

USS Oklahoma *in 1936. Note the supporting structure of her catapult on top of X-turret .*

Oklahoma in den Vorkriegsjahren. Gleiche Ausbildung der beiden oberen Mastplattformen. Sammlung A. Fraccaroli

USS Oklahoma *in the years shortly before World War II. Note the corresponding arrangements on both her mast platforms.*

Pennsylvania-Klasse

Die *Pennsylvania*-Klasse stellt eine Weiterentwicklung der *Nevada*-Klasse dar. Es wurde hier nunmehr endgültig der Turbinenantrieb gewählt. Dem damaligen Wettrennen entsprechend und als direkte Antwort auf die japanischen Neubauten *Fuso* und *Yamashiro* wurde zwar das Hauptkaliber von 35,6 cm beibehalten, die Anzahl der schweren Geschützrohre jedoch nochmals um zwei erhöht, was durch die Verwendung von vier Drillingstürmen ermöglicht wurde. Auch hierbei dokumentiert sich, daß die Amerikaner beim Schlachtschiffbau stets nur nachzogen, wenn andere Seemächte die ersten Schritte vorgaben. Die Umbauten bei Ende des Ersten Weltkriegs sowie die zwischen 1928 und 1931 entsprachen dem Umfang nach denen der *Nevada*-Klasse, jedoch wurde der Schornstein der *Pennsylvania* kurz vor dem Zweiten Weltkrieg um 1,5 m verlängert; während des Krieges wurde das Katapult vom Turm X entfernt. An dessen Stelle wurden – wie übrigens auch auf Turm B – je drei Wannen für 20-mm-Flak als Splitterschutz aufgestellt.

Beide Schiffe befanden sich während des japanischen Luftangriffs im Hafen von Pearl Harbor und wurden getroffen. Während *Arizona* wegen der besonders schweren Explosionsschäden aufgegeben werden mußte, wurde *Pennsylvania* von nur einer Flugzeugbombe getroffen und war bereits nach einem halben Jahr wieder einsatzbereit.

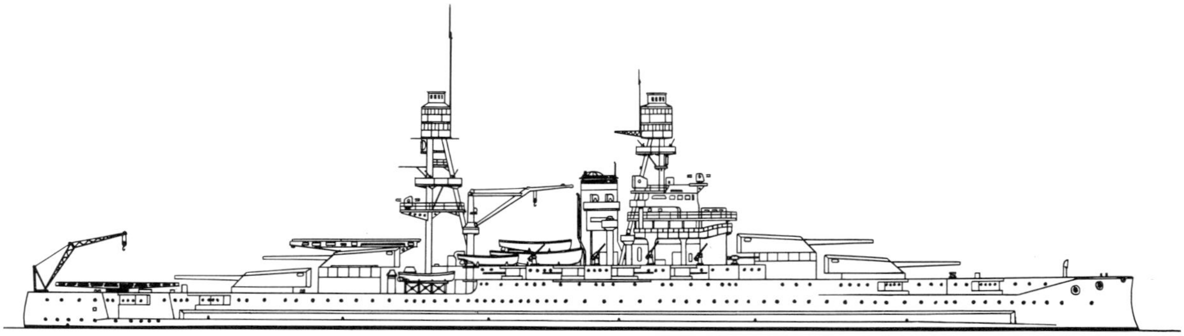

Pennsylvania 1939. Katapult auf Geschützturm X. Bootsstand neben achterem Mast. Verlängerter Schornstein.

USS Pennsylvania *in 1939. A catapult was installed on top of X-turret, while the ship's boats were placed abreast her aft mast. The height of her funnel was increased.*

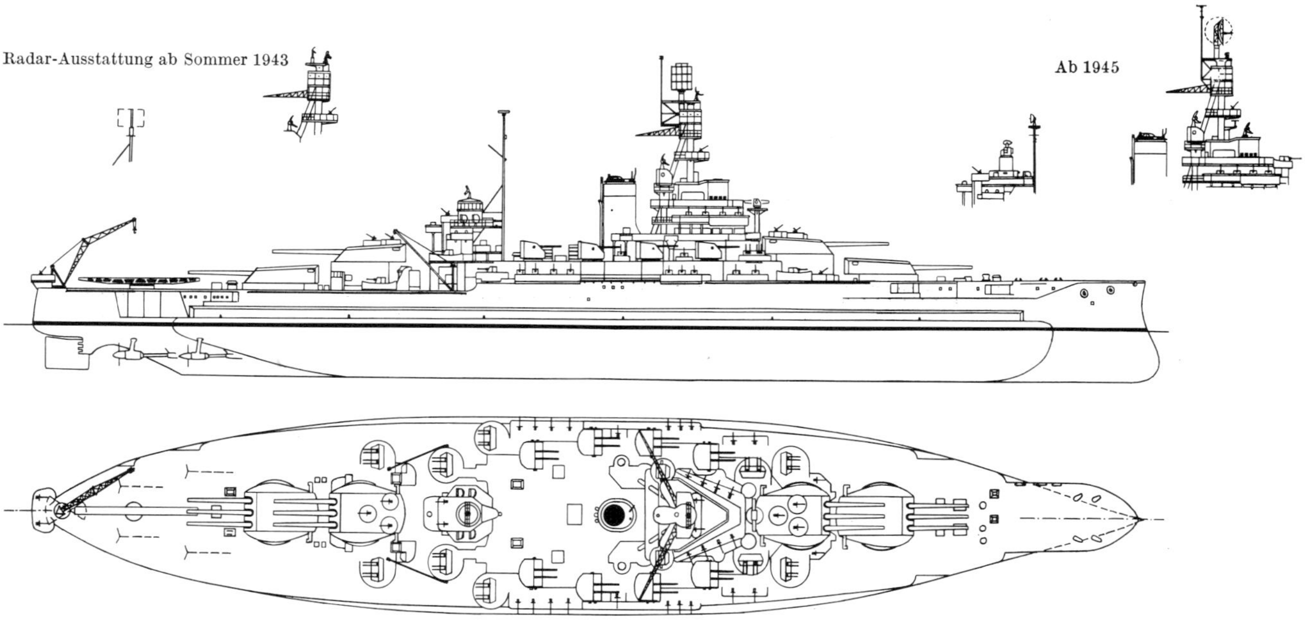

Pennsylvania 1943. Achtern Turmaufbau statt Dreibeinmast. 20-mm-Geschützplattformen auf Turm B und X. 12,7-cm-L/38-Türme auf einem Niveau. Nur zwei Leitgeräte Mk 37. Alle Rumpf-Bullaugen entfernt.

USS Pennsylvania *in 1943. Her aft tripod mast was replaced by a tower superstructure. 20 mm AA gun platform mounts were installed atop her B- and X-turret. Her 12.7 cm L/38 turrets were arranged on a one-deck level. The ship bore two Mk 37 fire controls only. All bull's eyes were plated over.*

Brücke und achterer Aufbau ab 1945.

Her bridge and aft superstructure as of 1945.

Radarausrüstung ab Sommer 1943: CXAM-Antenne auf achterem Pfahlmast. Auf der vorderen Mastplattform zwei SRa-Geräte.

The radar equipment carried as of summer 1943: one CXAM antenna on her aft pole mast, two platform-mounted SRa screens on her fore mast.

Pennsylvania in den dreißiger Jahren. Dreibeinmast an Stelle des achteren Korbmastes. Knickspante im vorderen Teil des Rumpfes.

USS Pennsylvania *in the 1930s. Her aft cage mast has been replaced by a tripod mast. There are chine-type frames on the fore part of her hull.*

Pennsylvania unmittelbar nach Kriegsumbau. Sämtliche Bullaugen wurden entfernt. Brücke in der Weise ausgedehnt, daß es aussieht, als hätte das Schiff keinen Schornstein. Nur zwei Mk-37-Geräte mit Feuerleitradar befinden sich an Bord. Foto 2/1943

USS Pennsylvania *immediately after her wartime reconstruction. All portholes have been plated over. In this photograph the enlarged bridge is giving the impression of her funnel being removed. She carries two Mk 37 gear with fire control radars.*

Breitseitansicht der *Pennsylvania* mit Entfernungsmesser vor der Brücke. Alle 12,7-cm-Doppeltürme sind auf gleichem Niveau. 20-mm-Flakplattformen befinden sich neben der Brücke, auf den Türmen B und X sowie entlang der Deckskante. Foto 2/1943

An almost total side view of USS Pennsylvania. *Note the range-finder in front of her bridge. All 12.7 cm L/38 twin-turrets are placed on the same deck whereas the 20 mm gun platforms are installed beside her bridge, atop B- and X-turret, and along the deck edge.*

Pennsylvania, leicht von achtern gesehen. Mündungskappen an den Rohren des achteren 35,6-cm-Geschützturms. Ladebäume neben dem Turmaufbau, auf demselben SRa-Radarantenne, auf Pfahlmast CXAM-Antenne. Katapultanlage auf der Schanz, dahinter erhöhter 20-mm-Flakstand. Foto 2/1943

Slightly oblique view of USS Pennsylvania *from astern. Note the barrels of Y-turret closed by muzzle covers and the derricks placed abreast the aft 35.6 cm gun turret. The latter carries the SRa antenna. The CXAM antenna is installed on the ship's pole mast. Also note the catapult with the fantail-sited aircraft handling crane and the 20 mm AA gun station.*

Pennsylvania, hier wahrscheinlich schon nach Kriegsende. An Backbord fehlen zwei 12,7-cm-Türme und einige 40-mm-Fla-Vierlinge. SK-2-Radar auf dem Vordermast, darunter 20-mm-Flak auf der Mastplattform. Flugzeug-Cockpits sind abgedeckt.

USS Pennsylvania, *a photograph probably taken after World War II. Two of the 12.7 cm twin-turrets on her port side and some of the 40 mm four-barrelled AA guns have been removed. The SK-2 radar is installed atop her foremast with the platform-mounted 20 mm AA guns placed below. Note the covered cockpits of the shipborne aircraft.*

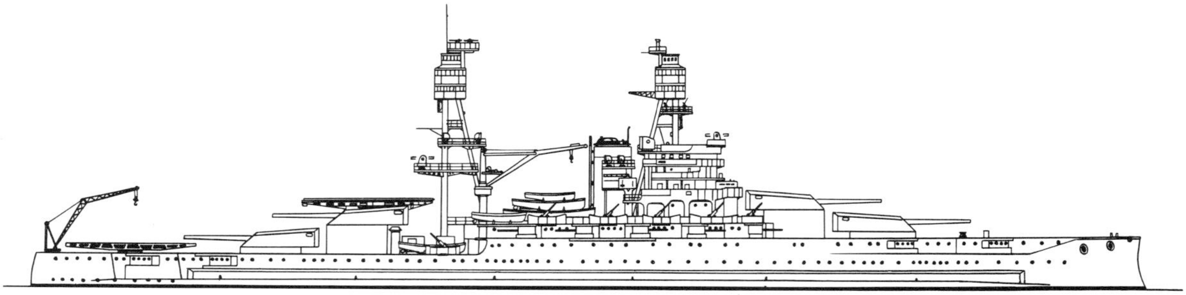

Arizona 1941. Kaum Veränderungen gegenüber Zustand 1936. Fla-MG auf Mastplattform. Mehr 12,7-cm-Flak, jetzt hinter Splitterschutz.

USS Arizona *in 1941. There are hardly any changes in appearance as compared to 1936. She now carries platform-mounted machine guns on her masts. The number of 12.7 cm AA guns was increased. They all received splinter-proof shields.*

Arizona in den dreißiger Jahren. In diesem Zustand fuhr das Schiff bis zur Vernichtung am 7. 12. 1941 in Pearl Harbor. Sehr hoch gestützte Flugzeugkräne neben dem achteren Dreibeinmast, um bequem Flugzeuge auf das Katapult des Turms X zu hieven. Heck läuft spitz zu.

USS Arizona *in the 1930s. Outward view of the ship sunk at Pearl Harbour on December 7, 1941. Note the two aircraft handling cranes abreast her aft tripod mast high-level mounted for the purpose of hoisting airplanes upon the X-turret catapult. Also note the pointed shape of the ship's stern.*

Arizona in den dreißiger Jahren. Beachte die große Ähnlichkeit der beiden schweren Dreibeinmaste.
OUR NAVY PHOTO

USS Arizona *in the 1930s. Note the similarity of her fore and aft tripod masts.*

New Mexico-Klasse

Generell eine Weiterentwicklung der *Pennsylvania*-Klasse, wobei unter Beibehaltung der Stärke der Bewaffnung bessere 35,6-cm-Geschütze entwickelt und hier eingesetzt wurden. Schon während der Konstruktion wurden die mittleren 12,7-cm-Kasemattgeschütze höher gesetzt, so daß sie nicht mehr so stark vom überkommenden Seewasser behindert wurden. Neu war hier die Einführung eines Klipperbugs, der bei den nachfolgenden Planungen mit Ausnahme der *North-Carolina*- und *South-Dakota*-Klasse beibehalten wurde.

Der Antrieb war zunächst turbo-elektrisch, wurde aber Mitte der 30er Jahre auf Getriebe-Turbinen umgestellt.
Mit dieser Klasse unterbrach die U.S.-Navy zum erstenmal den Zweier-Rhythmus bei Schlachtschiff-Neubauten. Das dritte Schiff, die *Idaho,* wurde zusätzlich aus Mitteln gebaut, die durch den Verkauf zweier älterer Schlachtschiffe (*Mississippi,* BB 23, und *Idaho,* BB 24) an Griechenland zur Verfügung standen.
Das Aussehen änderte sich nach 1941 kaum, mit Ausnahme des Einbaus der zahlreichen Fla-Bewaffnung.

Ein weiteres Kennzeichen dieser Klasse ist das Fehlen eines Decksprungs am Vorderdeck. Hierdurch entsteht der Eindruck, daß sich das Vorschiff etwas senkt – in Richtung zum Bug. Da diese drei Schiffe zu Beginn der 30er Jahre total umgebaut wurden und dabei auch die Maschinen und Kessel ersetzt wurden, galten sie noch bis zur Indienststellung der beiden BBs der *North-Carolina*-Klasse als die modernsten der Navy. Alle drei Einheiten sollten kurz vor Kriegsende noch auf 16 12,7-cm-L/38_2-Flak umgerüstet werden, jedoch unterblieb dies nach dem Waffenstillstand.
Ein markanter Außenseiter dieser Klasse ist die *Mississippi* gewesen, die nach dem Kriegsende noch längere Zeit hindurch – nach entsprechendem Umbau – zunächst Artillerie-Erprobungsschiff war, und später Lenkwaffen-Testschiff (s. nachfolgend).

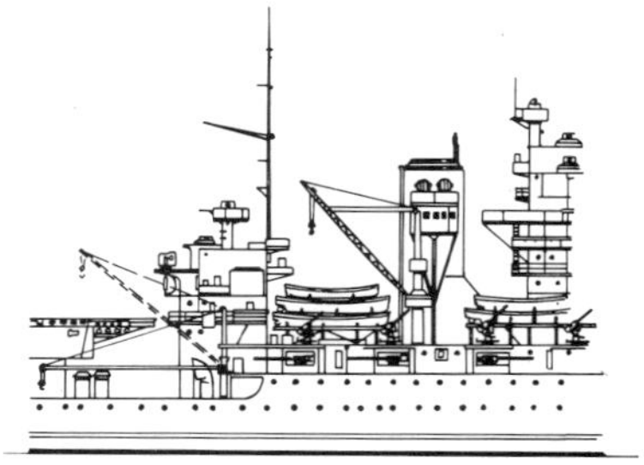

New Mexico, Mittelschiff 1936. Ersatz der Korbmasten durch Turmaufbauten. Verstärkte Flak. Katapult auf Turm X (siehe auch Zeichnung *Mississippi* 1936).

The midship section of USS New Mexico *in 1936. Her former cage masts have been replaced by tower superstructures. The number of AA guns was increased. She has a catapult on X-turret (see the plan of the* Mississippi *in 1936).*

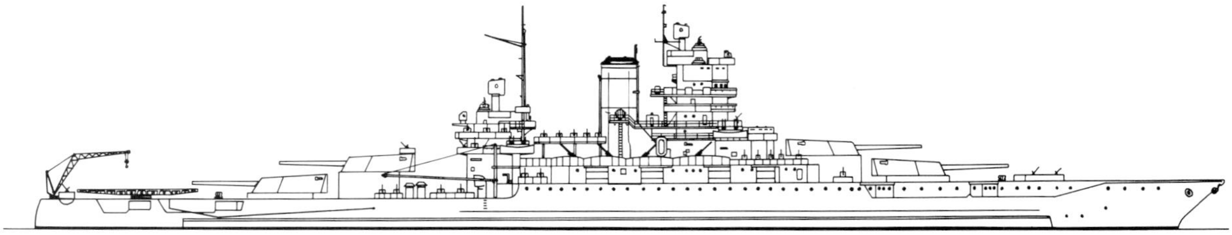

New Mexico 1942. Ausbau aller Kasemattgeschütze und des Katapults auf Turm X. Verbesserte Feuerleitgeräte. Sämtliche Flak hinter Splitterschutz. „Fliegende Plattform" für 20-mm-Flak hinter Schornstein.

USS New Mexico *in 1942. All casemate guns and the catapult once installed on top of X-turret have been removed. She is equipped with an improved fire control gear. All AA guns are protected by splinter-proof shields. A "flying platform" for her 20 mm AA guns was erected abaft her funnel.*

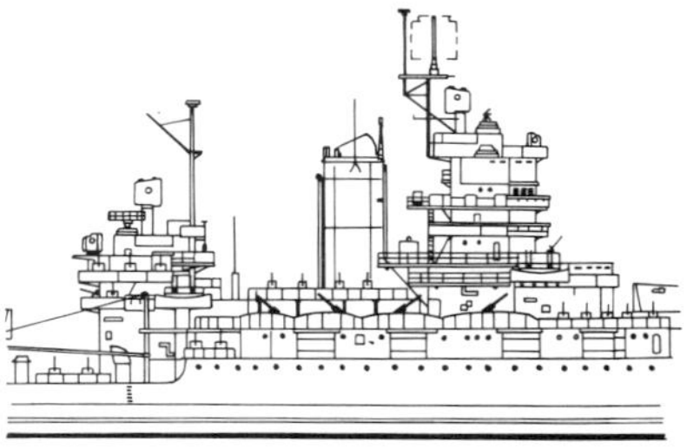

New Mexico, Mittelschiff 1945. SK-Radar auf vorderer Maststenge, SRa achtern auf Turmaufbau. Schrägaufsatz auf Schornstein. 20-mm-Flak am Schornstein umgruppiert.

USS New Mexico *in 1945. The drawing shows her midship section. A SK radar has been installed on her fore mast top. A SRa screen can be seen on her aft tower. Her funnel has received a cap. The 20 mm AA guns were regrouped.*

New Mexico in den dreißiger Jahren, aus der Luft gesehen. Beachtenswert der turmartige Brückenaufbau, die im Grundriß ovale Zitadelle, die eckigen Absätze der vertikalen Panzerplatten. Sonnensegel über dem Achterdeck. Nischen an den Stellen, an denen vormals Kasematten vorhanden waren.

Aerial view of USS New Mexico *in the 1930s. Note her tower bridge superstructure, her oval citadel, and her stepped hull shape with its vertical armour plating. A canvas awning is covering the fantail. Also note the recesses where the casemate guns were formerly mounted.*

New Mexico nach dem kriegsbedingten Umbau. Sämtliche Kasemattgeschütze sind nunmehr ausgebaut, die Flak hinter Splitterschutz gesetzt. Erhöhte Plattform für jeseits 6 20-mm-Flak hinter dem Schornstein. Foto 1942

USS New Mexico *after her reconstruction during World War II. All casemate guns have been removed. Her AA guns are concealed by splinter-proof covers. Note the elevated "flying platforms" on either side abaft her funnel. Each platform carries six 20 m AA guns.*

New Mexiko im Dreitonanstrich des Schemas 32. SK-Radarantenne auf Vordermast, SRa auf Turmbrücke wie auch auf achterem Turmaufbau. Scharfer Klipperbug mit leerer Steven-Ankerklüse.

USS New Mexico *in a three-colour camouflage painting according to Measure 32. There is a SK radar screen on her foremast whereas a SRa antenna is mounted on her bridge superstructure, and another SRa aerial on her aft tower superstructure. Note her sharply contoured clipper bow and her stemm hawsepipe without an anchor.*

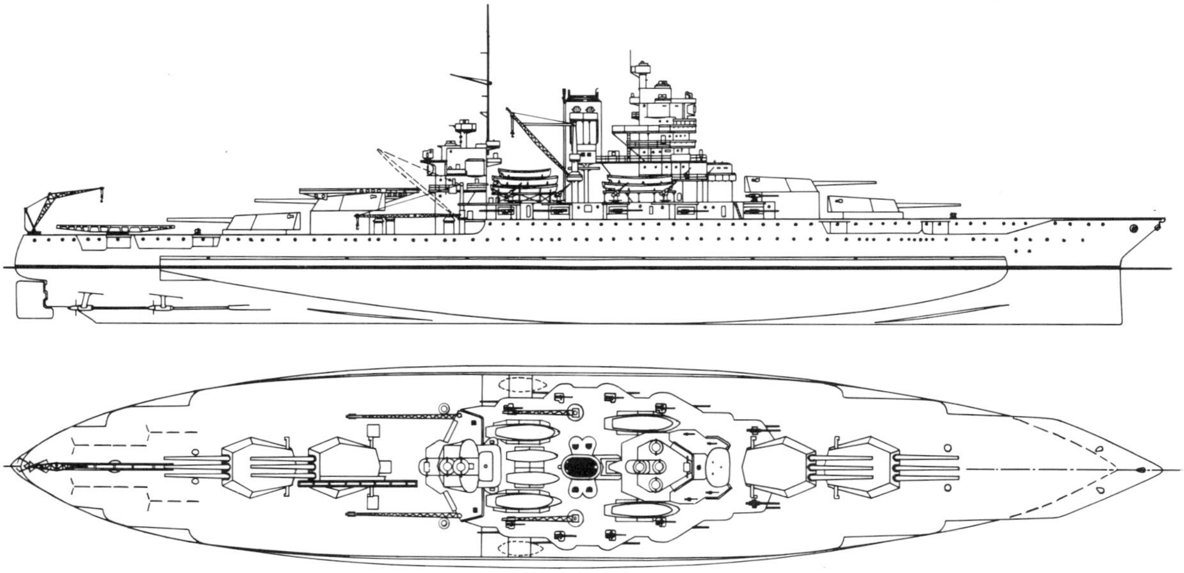

Mississippi 1936. Vordere und achtere Kasemattgeschütze ausgebaut. Kein Unterschied zu *New Mexico*. Neue Grundriß-Form der 35,6-cm-Türme.

USS Mississippi *in 1936. Her former bow and stern casemate guns have been removed. There is no difference in appearance as compared to the* New Mexico *at that time. Note the new horizontal section shape of her 35.6 cm gun turrets.*

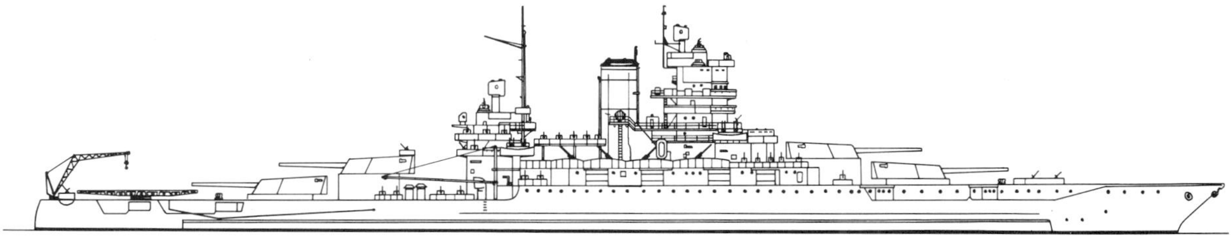

Mississippi 1942. Entspricht *New Mexico* mit Ausnahme der „fliegenden Plattform" hinter dem Schornstein, die hier wahrscheinlich nie bestanden hat.

USS Mississippi *in 1942. Except for the "flying platform" abaft her funnel she is similar in appearance to the* New Mexico. *Such a "flying platform" may never have existed on board the* Mississippi.

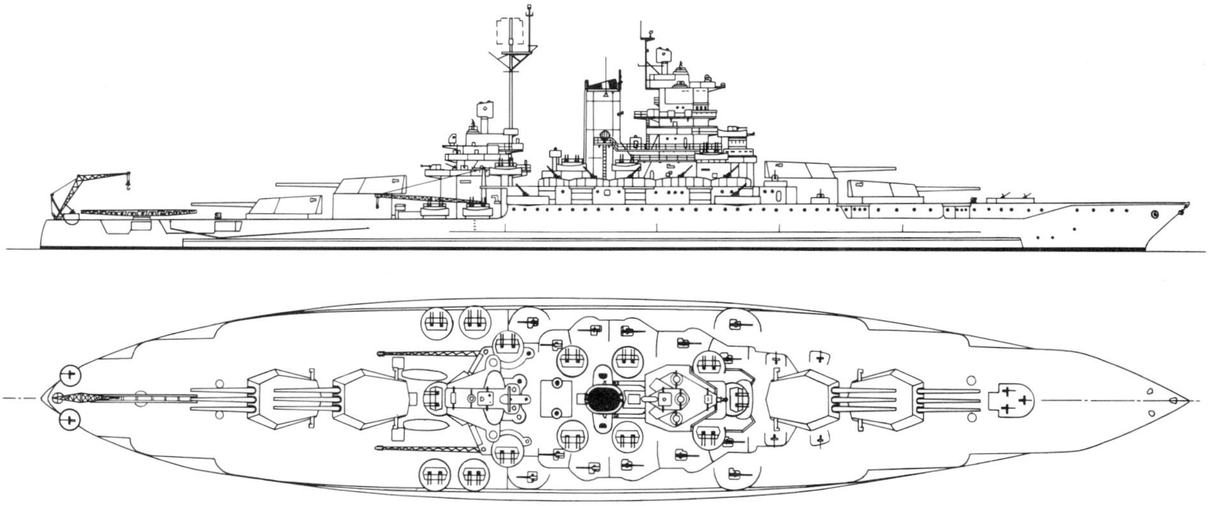

Mississippi 1945. SK-Radar auf dem achteren Mast. Zusätzliche 12,7-cm-L/25- und 40-mm-Flak. Wegfall der 20-mm-Geschützplattform auf Turm X. Schräger Schornsteinaufsatz.

USS Mississippi *in 1945. A SK radar is rigged on her aft mast. Additional 12.7 cm L/25 and 40 mm AA guns have been mounted. The platform-mounted 20 mm AA guns were removed from X-turret. Her funnel shows an oblique cap.*

Mittelschiffsdarstellung eines Navy-Modells der *Mississippi* nach dem Umbau in den dreißiger Jahren.
Aus "Building Warship Models"

A Navy Model of USS Mississippi *as she appeared after her reconstruction in the 1930s (midships section).*

Mississippi etwa Anfang 1942, noch vor Entfernung der Kasemattgeschütze. Tarnanstrich nach Schema 22. Flak hinter Splitterschutz. Noch ohne Schornsteinaufsatz.
Sammlung A. Barilli

USS Mississippi *in the early months of 1942 before the casemate guns were removed. Her camouflage painting corresponds to Measure 22. Her AA guns are protected by splinter-proof covers. Her funnel is still without a cap.*

Luftaufnahme der *Mississippi*, etwa 1944. Schornsteinaufsatz, zahlreiche Flakstände, SK Radar auf achterem Mast. Keine „fliegende Plattform“ hinter dem Schornstein.

Aerial view of USS Mississippi, *probably in 1944. She now has a funnel cap, numerous AA gun stations, and a SK radar antenna on her aft mast. There is no "flying platform" abaft the funnel.*

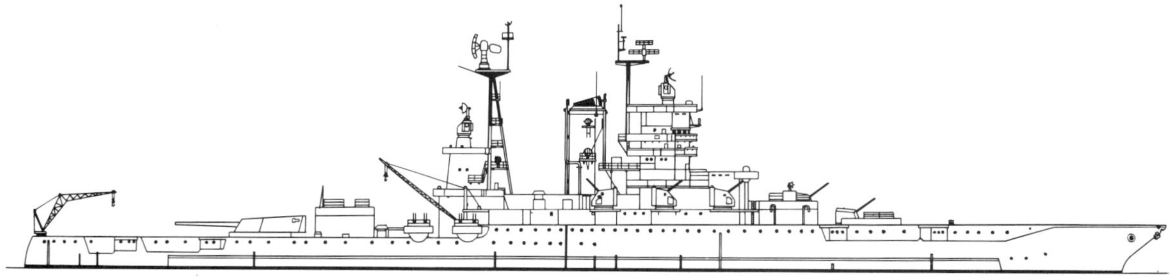

Mississippi 1949 als Artillerie-Versuchsschiff. Von den 35,6-cm-Türmen verblieb nur der achtere. Sortiment von 12,7-cm-Einzel- und Doppeltürmen. Auf vorderer Maststenge Radar mit noch nicht bekanntgewordener Bezeichnung. Auf achterem Dreibein eine frühe Ausführung von SPS-8A-Radar. Die vier achteren 40-mm-Fla-Stände sind noch aus dem Krieg übergeblieben. Immer noch Flugzeugkran achtern.

USS Mississippi *in 1949. She has been converted into a gunnery experimental ship. Only her aftermost 35.6 cm turret is left after all others have been removed. Note the various 12.7 cm single- and twin-turrets. Her fore mast top bears a radar screen of a so far unknown type. Its designation has obviously not been released yet. Her aft tripod mast shows an early model of the SPS 8A radar antenna. The four aft 40 mm gun mounts belonging to her former wartime AA armament and the aft crane of her former aircraft handling equipment are still in place.*

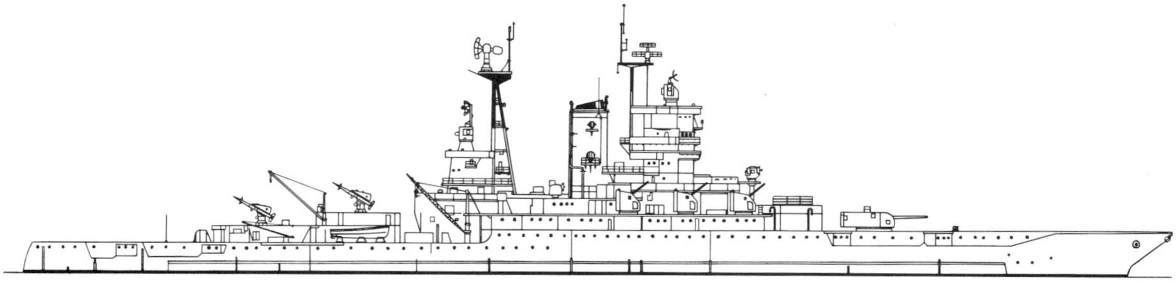

Mississippi 1955. In Position A anstelle der ausgebauten Turm-Barbette nunmehr vollautomatischer 15,2-cm-L/47-Fla-Doppelturm, wie er auf den leichten Kreuzern der *Worcester*-Klasse zum Einsatz kam. Eingezeichnete Radarausrüstung auf dieser Zeichnung ist zumindest in bezug auf das Jahr möglicherweise nicht zutreffend (siehe Fotos). Anstelle der ausgebauten achteren Barbetten nunmehr zwei Versuchsstarter mit Nachlademagazin für das Lenkwaffensystem Terrier.

USS Mississippi *in 1955. In place of her obsolete heavy gun turret barbette in turret position A a new and fully automatic 15.2 cm L/47 AA gun twin-turret has been mounted. This 15.2 cm twin-turret type was originally employed by the two AA cruisers of the* Worcester *class. The type of radar shown in this plan of 1955 may not be correct. For better information see the photographs showing the radar equipment carried in other years. Instead of the removed aft heavy gun barbettes two experimental launchers of the Terrier guided missile system with magazines have been installed.*

Mississippi 1949, nach Umbau als Artillerie-Versuchsschiff (AG 128). Kleine Kenn-Nummer „128“ am Bug. Das Aussehen entspricht dem der Zeichnung auf S. 81. Achterer 35,6-cm-Geschützturm ist noch an Bord, an der Steuerbordseite findet man drei 12,7-cm-L/38-Doppeltürme. Frühe Version des SPS-8A-Radargeräts auf dem Dreibeinmast. Auf der Brücke befindet sich das Mk-37-Feuerleitgerät. Sammlung G. Albrecht

USS Mississippi *following her conversion into a gunnery experimental ship. Her small-sized pennant number is painted on her bow. For her appearance see the drawing on p. 81. The aft 35.6 cm turret is still carried. Three 12.7 cm L/38 twin-turrets are mounted on her starboard side. Note the early model of the SPS 8A air search antenna. The Mk 37 fire control gear is carried on the bridge superstructure.*

Erneuter Wechsel des Aussehens der *Mississippi* nach 1952. Entspricht jetzt der zweiten Zeichnung als AG 128: achtern zwei Terrier-Lenkwaffenanlagen, Kran entfernt. Auf Vordermast SPS-6-Radarantenne, vor der Brücke ein Mk-56-Leitgerät, auf der Brücke eine frühe Ausführung des Mk-68-Feuerleitgerätes. 15,2-cm-L/47-Doppelturm vor der Barbette des Turmes B. An Backbordseite zwei Einzeltürme 12,7-cm-L/54 (alt). Große Kenn-Nummer am Bug. Sammlung F. Villi

USS Mississippi *after 1952. For her appearance see the drawing on p. 82. The crane has been removed and two Terrier-launchers have instead been installed aft. She carries a SPS 6 radar antenna on her foremast, a Mk 56 fire control gear in front of the bridge, and an early model of the Mk 68 fire control gear on top of the bridge. A 15.2 cm L/47 twin-turret is placed in front of the barbette of former B-turret and two 12.7 cm L/54 turrets on her port side. A large-sized pennant number is painted on her bow.*

Mississippi 1956. Achtern zwei nicht serienmäßige Terrier-Starter. Gut sichtbar auf dem achteren Turmaufbau das Mk-37-Leitgerät mit einem für Lenkwaffenleitung bestimmten Radarbeleuchter obenauf, in der gleichen Ausführung, wie es später auch auf USS *Boston* (CAG 1) in den ersten Monaten als Lenkwaffenkreuzer festgestellt werden kann. Auf dem vorderen Mast befindet sich jetzt das SPS-6-Radargerät, darunter auf der Brücke das damals neu eingeführte Feuerleitgerät Mk 68 (zur Leitung der *neuen* 12,7-cm-L/54-Geschütze). Auf dem achteren Mast findet man die selten geführte Radarantenne SPS 8B. Erkennungssignal weht unüblicherweise am achteren Mast. TACAN Flugzeugnavigationshilfe an der achteren Stenge.
Sammlung A. Fraccaroli

USS Mississippi *in 1956. She carries two experimental Terrier launchers aft. A Mk 37 fire control gear with an additional radar screen for guided missile control on top is installed on the aft tower superstructure, the latter radar screen model being later used on board USS* Boston *(CAG 1) during her first months of service as a Guided Missile Cruiser. A SPS 6 radar antenna is carried on the foremast. On top of the bridge below it there is the Mk 68 fire control gear newly introduced at that time for the control of the new 12.7 cm L/54 DP guns. The rarely installed SPS 8B radar antenna is carried on her aft mast. Note also a small-sized TACAN aircraft navigation aid on her aft mast top.*

Eine der letzten Aufnahmen der *Mississippi* kurz vor der Außerdienststellung. Zuletzt wurde noch die SPS-8B-Radarantenne auf den achteren Mast gesetzt.
Foto 4/1956, W. H. Davis; Sammlung G. Albrecht

One of the latest photographs of USS Mississippi *before her decommissioning. Note the SPS 8B antenna atop her aft mast.*

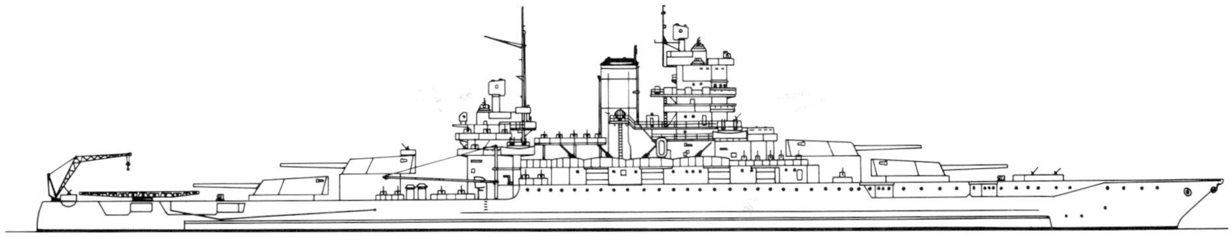

Idaho 1942 Ähnlich *New Mexico* und *Mississippi,* jedoch ebenfalls *ohne* „fliegende Plattform" für 20-mm-Flak.

USS Idaho *in 1942. She resembles the* New Mexico *and the* Mississippi *in appearance. As on board the* Mississippi *the "flying platform" for the 20 mm AA guns probably has not been erected yet.*

Idaho 1945. Vertikaler Panzergürtel stark abgesetzt. SK-Radar auf der vorderen Stenge. 20-mm-Flak auch in den Vormarsständen.

USS Idaho *in 1945. The ship's fore section shows a stepped shape of the vertical armour. She carries a SK radar screen on her fore mast top. Her 20 mm AA guns have been emplaced in a fore mast position.*

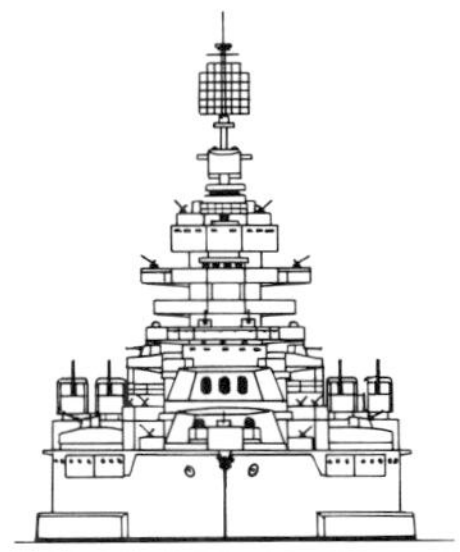

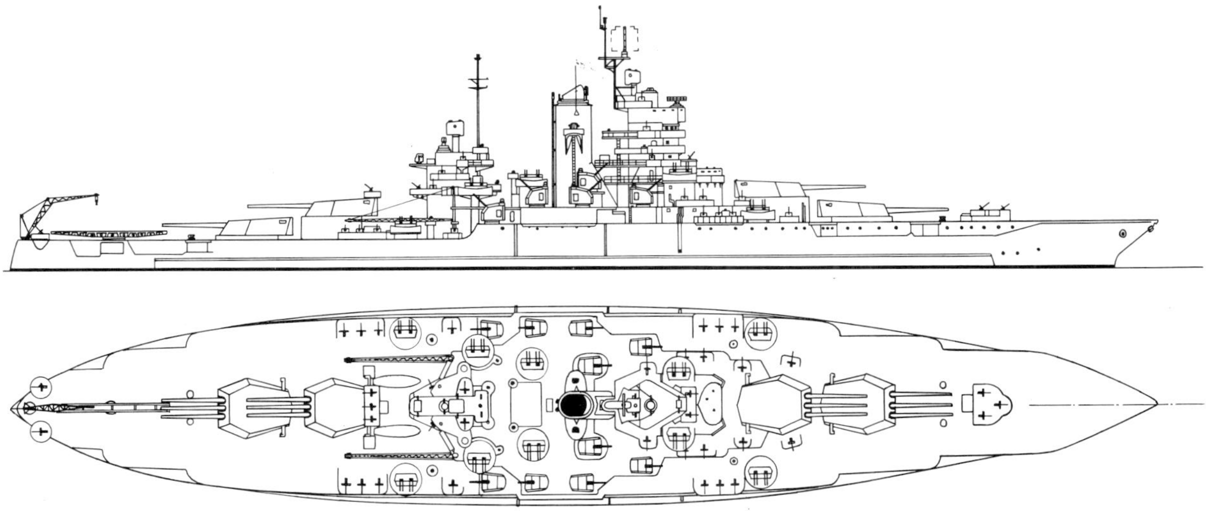

Idaho 1945. Besonders schräger Schornsteinaufsatz. Jeseits fünf 12,7-cm-L/38-Einzeltürme auf drei verschiedenen Ebenen. 20-mm-Geschützplattform auf Turm X. Außer SK-Radar auch noch SRa auf Vormars-Plattform. Schornstein ist hier in voller Länge sichtbar.

USS Idaho *in 1945 with an extremely inclined funnel cap. Abreast her funnel there are five 12.7 cm L/38 single-turrets on either side placed on different deck levels. A 20 mm gun platform is established on top of X-turret. Besides the SK radar the* Idaho *is additionally equipped with a SRa screen in foretop position. Her funnel is shown in its full height.*

Idaho vor dem II. Weltkrieg, *New Mexico* im Hintergrund. Scheinwerfer auf der Plattform seitlich des Schornsteines. Sammlung A. Fraccaroli

USS Idaho *before World War II with USS* New Mexico *in the background. Note the searchlights on the platforms beside the funnel.*

Idaho nach dem ersten Kriegsumbau. Ähnlich *Mississippi,* jedoch Kasemattgeschütze ausgebaut und 20-mm-Flakstände auf dem Vorderschiff erhöht. Foto 12/1942

USS Idaho *after her first war modification. She looks similar to the* Mississippi, *but her casemate guns have been removed and her 20 mm AA gun stations on the forecastle are in an elevated position.*

Idaho nach 1943. SK-Radar auf Vordermast, SRa jetzt nur auf dem achteren Turmaufbau. 12,7-cm-Einzelturm direkt neben dem Schornstein.

USS Idaho *after her modification in 1943. She carries her SK radar antenna on the foremast. Her SRa antenna is mounted on top of her aft tower superstructure. Note the 12.7 cm single turret beside the funnel.*

Idaho nach der letzten Modifizierung, nach 1943. Verbreiteter Aufbau unter den 12,7-cm-Einzeltürmen. SRa-Radarantenne über der Brücke. Sehr schmale Basis der stabilisierbaren Entfernungsmeßgeräte. Auffallender Schornsteinaufsatz. Sammlung A. Fraccaroli

USS Idaho *in 1943 after her latest modification. Note the enlarged structure carrying the 12.7 cm L/38 single-turrets. The SRa radar antenna is mounted above the bridge. She has a very narrow base for her stabilized rangefinders. Note the striking funnel cap.*

Tennessee-Klasse

In mancher Hinsicht findet man hier Veränderungen gegenüber der *New-Mexico*-Klasse, so einen besseren Unterwasserschutz, erneut turboelektrischen Antrieb, reduzierte Mittelartillerie, glatte Außenhaut (fehlende Ausschnitte für die Mittelartillerie), zwei Schornsteine; die schwere Artillerie umfaßte wieder vier Drillingstürme des Kalibers 35,6 cm.

Beide Schiffe wurde in Pearl Harbor im Dezember 1941 schwer beschädigt und daraufhin so umfangreich umgebaut, daß keinerlei Ähnlichkeit mehr mit dem vorherigen Aussehen blieb (s. Zeichnungen). Dabei wurde die Schiffsbreite durch zusätzliche Anbringung von Rumpf-Wülsten beträchtlich vergrößert. Auf beiden Schiffen wurde hierbei das vormals auf dem Turm X stehende Flugzeug-Katapult entfernt.

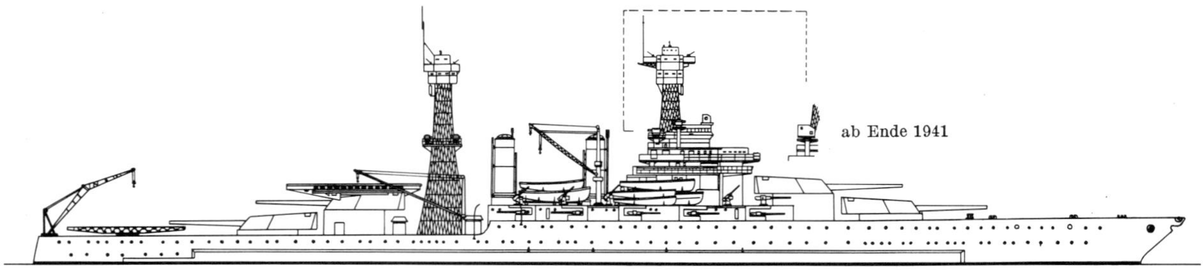

Tennessee 1941. Kaum Veränderungen gegenüber Originalaussehen (siehe Nebenzeichnung der Schornsteinpartie). Nunmehr glattwandiger Schiffsrumpf. Fla-MG-Plattformen in den Marsen.

USS Tennessee *in 1941. There are very little changes to be seen as compared to her original appearance (for a comparison see the section plan of her funnel). Note that her hull line has been cleared of gunports. There are platform-mounted AA machine guns atop her masts.*

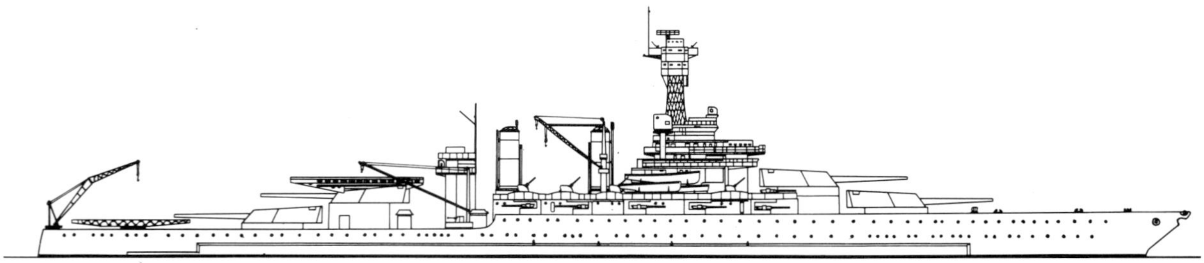

Tennessee, Zwischenstadium 1942. Ersatz des achteren Korbmastes durch Turmaufbau. SRa-Radar auf Vormarsplattform. Flak mit provisorischen Schildern *und* Splitterschutz. Jeglicher Decksprung fehlt.

USS Tennessee *in 1942 in the interval between modifications. Her aft cage mast was replaced by a tower structure. She carried a SRa radar screen in a foretop position. Her AA guns are protected by provisional splinter-proof shields. There is no sheer of her deck to be seen.*

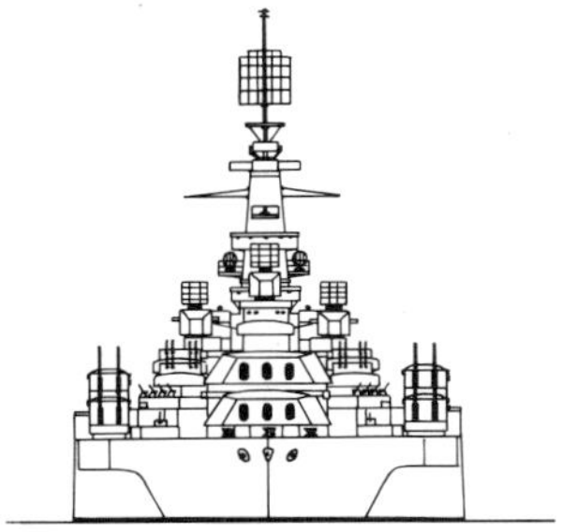

Vorderansicht der *Tennessee* 1945 nach Totalumbau. SK-Radar und Feuerleitradar, zahlreiche Flak; 40-mm-Vierling über Turm B wurde hier nicht eingezeichnet. Rumpfwulst!

USS Tennessee *in 1945. The plan shows her front view after her total reconstruction. She is now equipped with a SK radar, a fire control radar, and numerous AA guns. The 40 mm AA four-barrelled gun mount emplaced on top of B-turret is not shown in this plan. Note her characteristic hull bulges.*

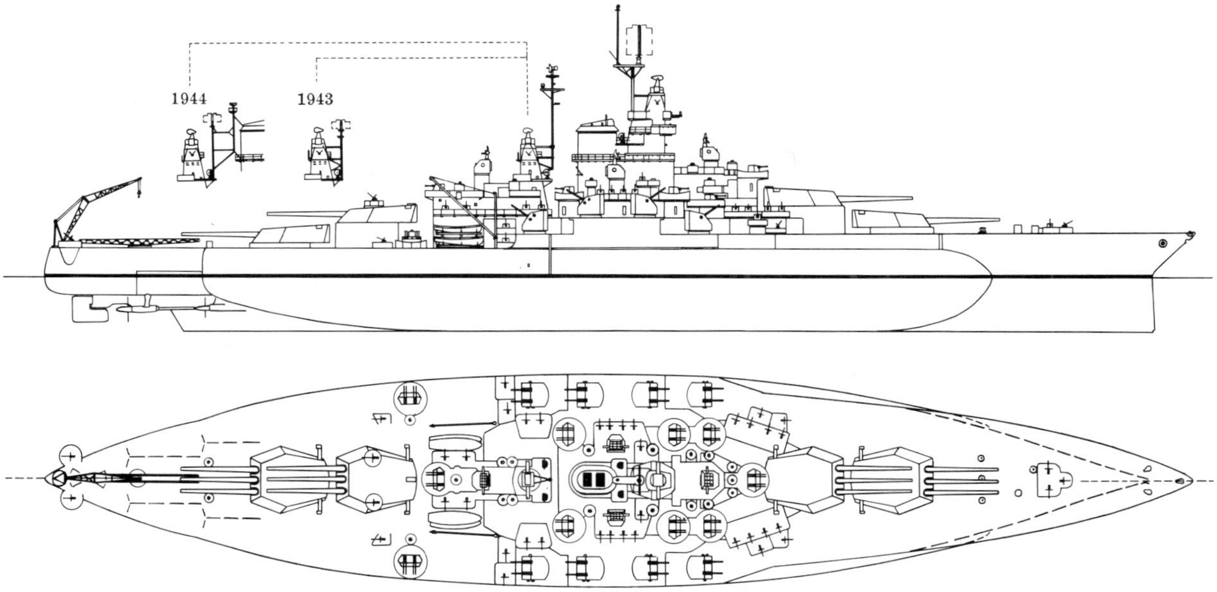

Tennessee 1945 nach Totalumbau. Gewisse Ähnlichkeit mit der späteren *South-Dakota*-(II)-Klasse. Keine Ähnlichkeit dagegen mit früherem Aussehen.

USS Tennessee *in 1945 after her total reconstruction. There is a certain similarity in appearance to the later* South Dakota *II class, but she has lost all similarity to her own original view.*

Änderungen des achteren Mastes 1944 bzw. 1943.

Her aft mast as modified in 1944 and 1943, respectively.

Tennessee in den dreißiger Jahren mit drei Flugzeugen auf den Katapulten. Salutgeschütze auf den Decken von drei Geschütztürmen.

USS Tennessee *with three aircraft placed on catapults in the 1930s. Note the salute guns on top of three of the heavy gun turrets.*

Tennessee, Zwischenzustand 1942 nach Reparatur der in Pearl Harbor erlittenen Schäden, mit Turmaufbau statt achterem Korbmast. SRa-Radar auf vorderem Mast, 12,7-cm-Flak hinter provisorischen Schildern. Einige Fesselballons befinden sich im Luftraum über dem Schiff.

USS Tennessee *in 1942 after the repair of damages received at Pearl Harbour. Her aft cage mast has been replaced by a tower structure. The SRa radar antenna is installed atop her foremast. The 12.7 cm AA guns are placed behind provisional protective shields. Note the barrage balloons above the ship.*

Tennessee, ebenfalls im Zwischenstadium nach Pearl Harbor. Foto 1942

USS Tennessee *in 1942 after repair works.*

Tennessee unmittelbar nach dem Totalumbau, leicht von achtern gesehen. Radarantennen sind hier noch nicht feststellbar (Retusche?). Vier Mk-37-Geräte mit Feuerleitradar. Rumpfwulst vorne sichtbar. Ozean-grauer Anstrich nach Schema 14. Foto 5/1943

USS Tennessee *after her total reconstruction. This photograph was taken immediately after her recommissioning. The main radar antennas may either be erased by a wartime censor or not be installed yet. Four Mk 37 control gear with fire control radars atop are carried. Note the hull bulges in forward position. The painting is ocean-gray according to Scheme 14.*

Breitseitansicht der *Tennessee* nach Totalumbau. Keine Ähnlichkeit mehr mit dem vorherigen Aussehen. Mit Ausnahme der Geschwindigkeit ist das Schiff nunmehr den moderneren Schlachtschiffen gleichwertig. Aufbauten ähneln denen der *South-Dakota*-(II)-Klasse. SK-Radarantenne auf dem Vordermast, vier Mk-37-Feuerleitgeräte für die 12,7-cm-Flak.

Broadside view of USS Tennessee *after her total reconstruction. Note that her appearance has completely changed. Her superstructure resembles the ships of the new* South Dakota *(II) class. Her lower speed excepted, the* Tennessee *could be classified as a modern battleship. Note the SK radar antenna on her foremast and the four Mk 37 fire control gear carried for her 12.7 cm battery.*

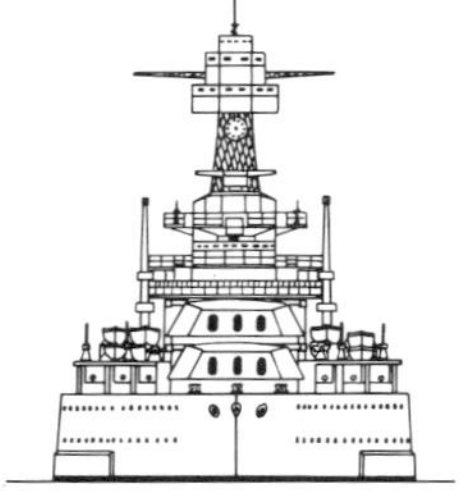

Vorderansicht der *California* 1936.

Front view of USS California *in 1936.*

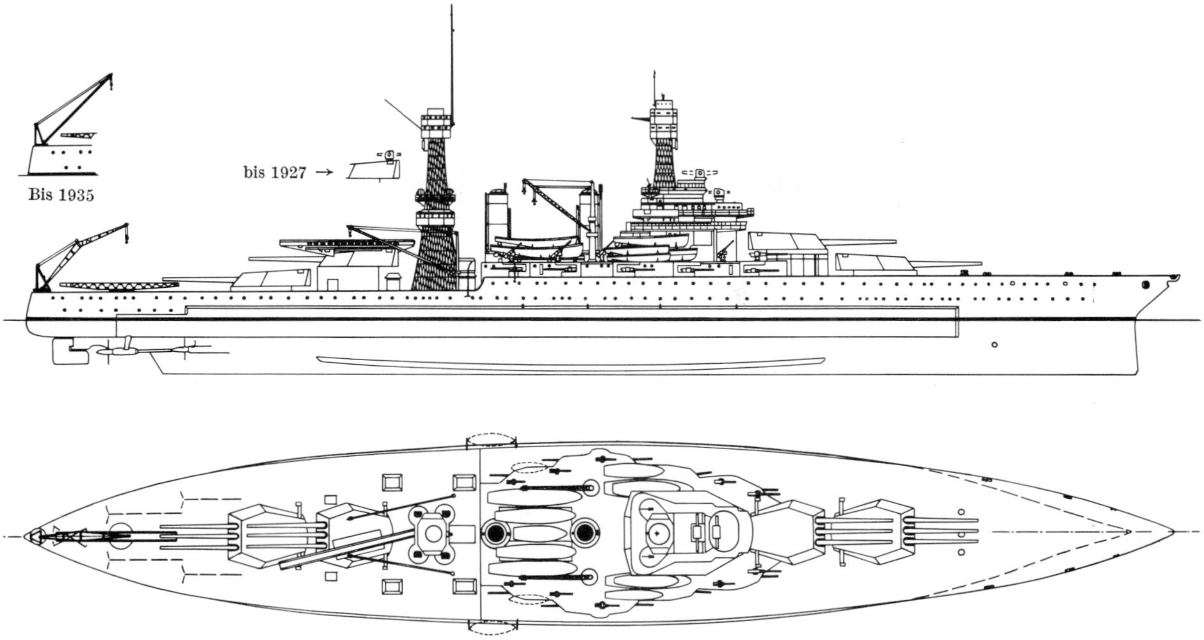

California 1936. Achterer Korbmast hier mit geschlossenem Umlauf. Schräge Katapult-Aufstellung auf Turm X.

USS California *in 1936. Her aft mast bears a covered platform. The catapult mounted on top of her X-turret shows a diagonal position.*

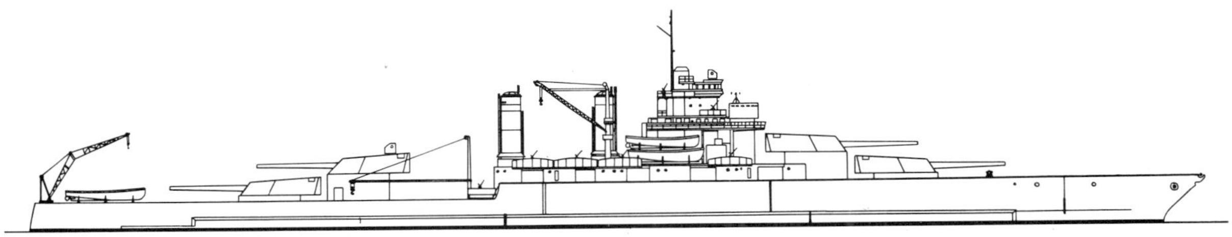

California 1942 nach provisorischer Wiederherstellung. Auf Brücke nur leichter Pfahlmast, achtern Korbmast ersatzlos entfernt. Flak hinter Splitterschutz.

USS California *in 1942 after repairs and refits following damages received at Pearl Harbour. Her bridge now carries a light pole mast. Her cage mast has been completely removed without any replacement. The AA guns are protected by splinter-proof shields.*

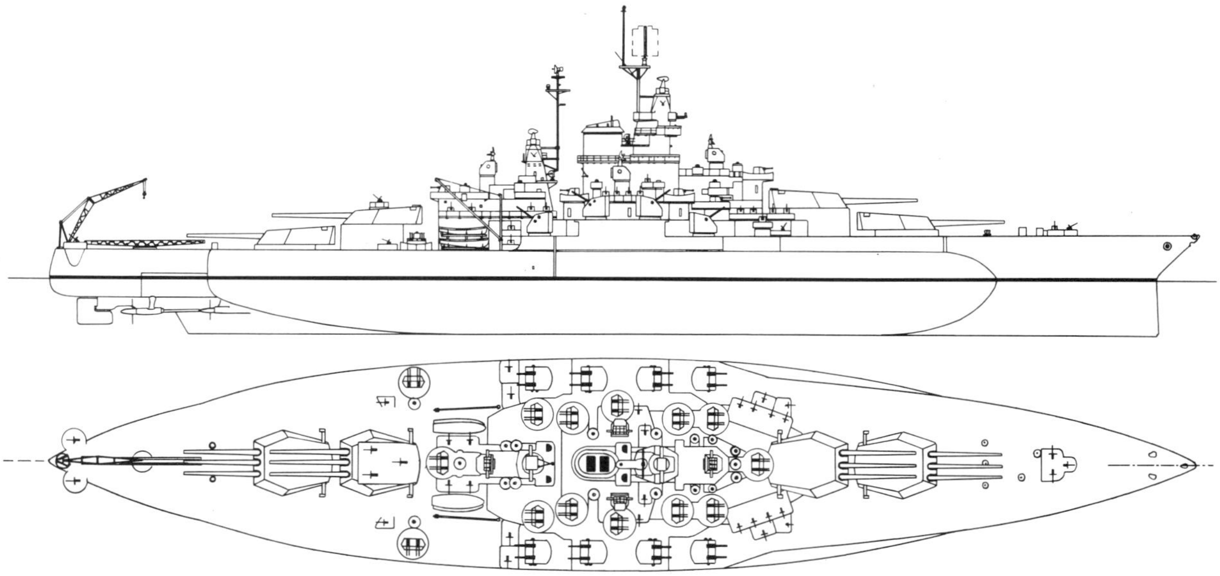

California 1945 nach Totalumbau. Differenzen zu *Tennessee* bei der Aufstellung der 40-mm- und 20-mm-Flak können nur im Decksplan festgestellt werden.

USS California *in 1945 after her total reconstruction. Only her deck plan shows changes in the positioning of her 20 mm and 40 mm AA guns.*

California verläßt Pearl Harbor nach Hebung aus dem Hafenbecken und Reparatur der dort erlittenen Schäden. Nur kurz andauernder Zustand bis zum Beginn des Totalumbaus. Beide Korbmaste und beide Katapulte fehlen. Klipperbug. Decksprung fehlt.
Foto 10/1942, Sammlung S. Breyer

USS California *leaving Pearl Harbour after being refloated and repaired following the Japanese attack. Both her cage masts and both her catapults are missing. Shortly afterwards the* California *went into the dock for total reconstruction.*

California etwa 1944 mit völlig veränderter Silhouette nach Totalumbau, hier nach Schema 32 dreitönig getarnt. Keine Radarantennen sichtbar.

USS California *in about 1944 after her total reconstruction. Her appearance has completely changed. The three-colour camouflage painting is in accordance with Measure 32. There is no radar antenna recognizable.*

California jetzt mit SK-Radar auf Vormast. Ein Jahr zuvor fuhr das Schiff noch mit Tarnanstrich nach Schema 32.
Foto 11/1945, Sammlung A. Fraccaroli

Another view of USS California *after her total reconstruction. She now carries the SK radar antenna on her fore mast head.*

Colorado-Klasse

Ursprünglich hatten Schiffe dieser Klasse das gleiche Aussehen wie die davor fertiggestellten beiden Einheiten der *Tennessee*-Klasse. Dennoch gab es einen beträchtlichen Unterschied: mit der *Colorado*-Klasse adoptierte die U.S.-Navy erstmalig das zu diesem Zeitpunkt von der japanischen Marine bereits eingeführte Geschütz-Kaliber von 40,6 cm. An Stelle von vier Drillingstürmen, wie auf der *Tennessee*-Klasse kamen hier vier Doppeltürme zur Aufstellung.

Eine vierte Einheit dieser Klasse, *Washington* (BB 47), durfte aufgrund der Beschränkungen des Washingtoner Flottenvertrages nicht mehr fertiggestellt werden und beendete bei einem Fertigstellungsgrad von rd. 76% seine Laufbahn als Zielobjekt für Unterwasser-Ansprengungsversuche.

Während *Colorado* bei Eintritt der USA in den Zweiten Weltkrieg in einer Werft an der Westküste überholt wurde, befanden sich *Maryland* und *West Virginia* in Pearl Harbor und wurden dort durch japanische Flugzeuge schwer beschädigt. Dieser Umstand bewirkte, daß – wie bei den anderen Schlachtschiffklassen auch – je nach Umfang der Beschädigungen Schiffe *einer* Klasse nicht immer in gleicher Weise modernisiert bzw. umgebaut werden konnten. Somit kann man das jeweilige Aussehen eines Schiffes nur unter Zuhilfenahme der jeweiligen Zeichnungen oder Fotos identifizieren. Während *Colorado* und *Maryland*

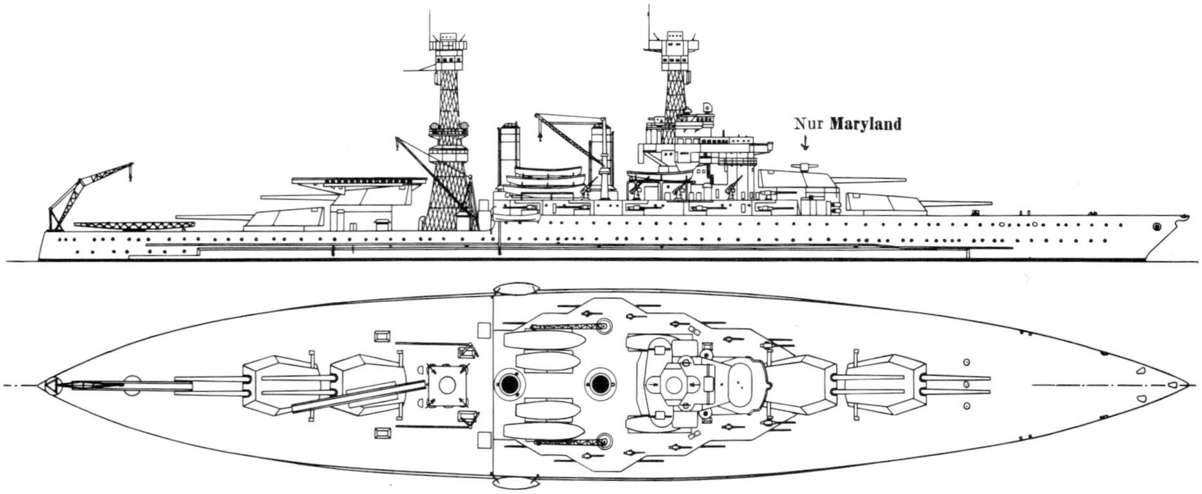

Colorado 1937. Etwas veränderte Aufstellung der Flak. Basis-Entfernungsmeßgerät auf Turm B war auf diesem Schiff nicht vorhanden.

USS Colorado *in 1937. There are but little changes in the positioning of her AA guns. She never carried a range-finder on top of her B-turret.*

bis zum Kriegsschluß ihre Abstammung nicht verleugnen konnten, wurde *West Virginia* völlig umgebaut. Bis auf den Rumpf und die schweren Geschütztürme wurde alles entfernt und sämtliche Aufbauten samt Brücke neu gestaltet, und zwar nach dem Muster des Umbaus der Vorgänger-Klasse *Tennessee.*

Da während des Krieges auch die Schlachtschiffe nur sehr kleine Kenn-Nummern führten, war eine Unterscheidung der beiden ähnlichen Klassen *Tennessee* und *Colorado* von der Breitseite praktisch nicht möglich, sondern erst dann, wenn man bei Draufsicht die Anzahl der schweren Geschütze je Turm genau bestimmen konnte. Nach dem Total-Umbau der *California,* der *Tennessee* und der *West Virginia* galten diese drei Schiffe (mit Ausnahme der Geschwindigkeit) als den moderneren Schlachtschiff-Neubauten gleichwertig.

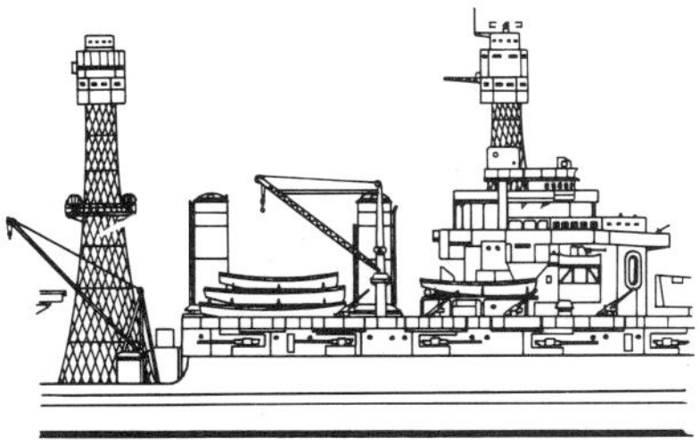

Colorado Ende 1941. Flak bereits hinter Splitterschutz. Fla-MG auf der Brücke. Umlauf um den achteren Korbmast fehlt hier.

USS Colorado *at the end of 1941. Her AA guns have already been concealed behind splinter-proof shields. AA machine guns are emplaced on her bridge. The covered platform around her aft cage mast is not existent here.*

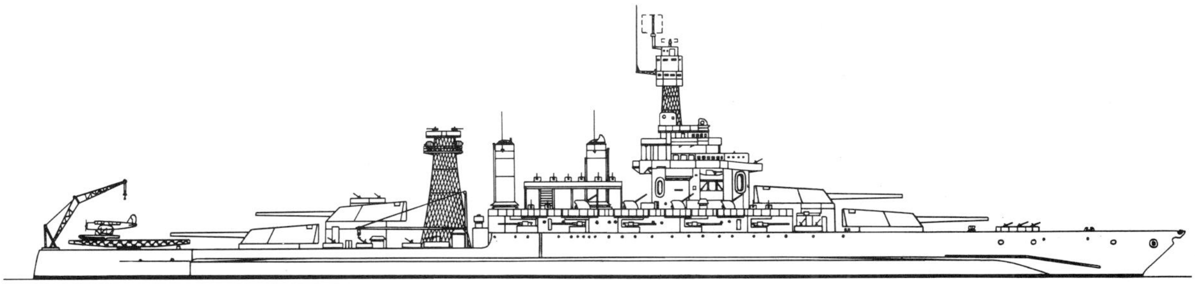

Colorado 1943 nach Halbierung des achteren Korbmastes und Aufstellung einer Fla-MG-Plattform auf dem verbliebenen Stumpf. Kleiner Schornsteinaufsatz auf dem vorderen Schornstein. 12,7-cm-L/38 hinter provisorischen Schildern und Splitterschutz. Wegfall der vorn auf dem Oberdeck vormals aufgestellten 12,7-cm-L/51-Kanonen. „Fliegende Plattform“ für 20-mm-Flak im Bereich des vorderen Schornsteines. SRa- und SC-Radar.

USS Colorado *in 1943. Her aft cage mast has been cut by half. A machine gun platform was erected atop the stump. Besides, a small-sized funnel cap was put on her fore funnel. Her 12.7 cm L/38 AA guns are hidden behind splinter-proof shields. Her forward upper deck 12.7 cm L/51 guns in open mounts have been removed. 20 mm AA guns are emplaced on a “flying platform” around her fore funnel. The ship is equipped with SC and SRa radars rigged in a forward position.*

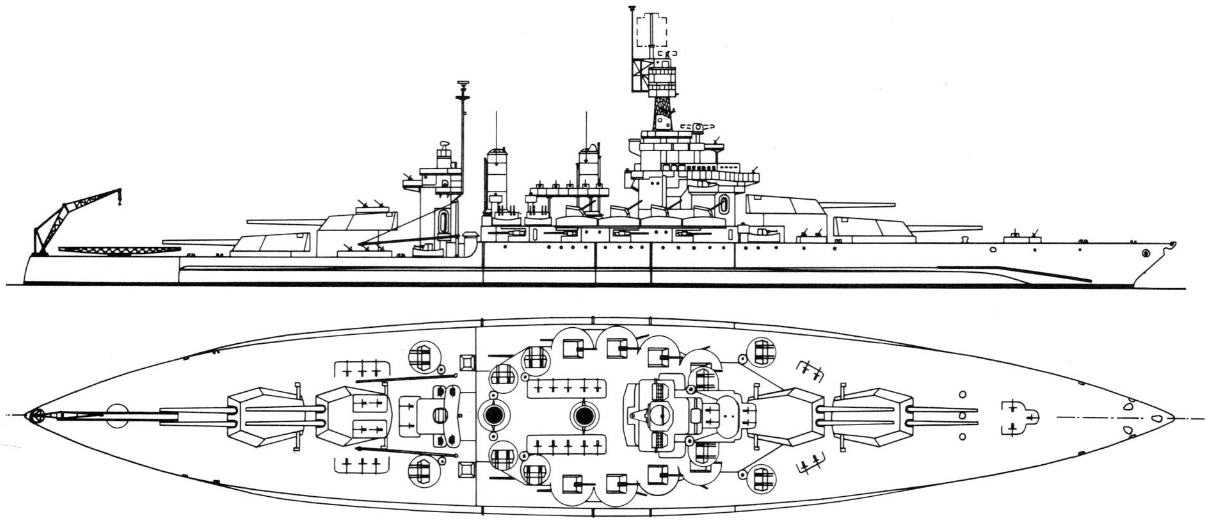

Colorado 1945 nach Ersatz des achteren Korbmast-Stumpfes durch Turmaufbau. Wegfall der vorderen beiden 12,7-cm-Kasemattgeschütze zugunsten von mehr Flak. 12,7-cm-L/38 jetzt in Einzeltürmen. SK- und SRa-Radar vorn, SG auf dem achteren Mast.

USS Colorado *in 1945. Her cage mast stump has been replaced by a tower structure aft. Likewise, both her forward 12.7 cm casemate guns have been removed to make room for an increased number of AA guns. Her 12.7 cm L/38 guns are now housed in single-turrets. The SK and SRa radars are installed in a forward position, the SG radar on her aft mast.*

Colorado etwa 1942, wahrscheinlich "navy-blue" angestrichen. SRa-Radar auf vorderer Mastplattform. Scheinwerferplattform am hier noch nicht halbierten achteren Korbmast.

USS Colorado *in about 1942, probably painted in a navy-blue colour. Note the SRa radar antenna carried on her foremast platform. The aft cage mast carrying searchlight platforms has not been reduced in height yet.*

Colorado etwa 1944, nach Ersatz des achteren Korbmaststumpfes durch einen Turmaufbau. Tarnmuster nach Schema 32 verhindert sogar auf nahe Distanz das Erkennen von Einzelheiten, z. B. der „fliegenden Plattform“ am vorderen Schornstein. Dagegen ist der Absatz des Rumpfwulstes klar erkennbar. Zwei SRa-Radarantennen sind zu erkennen. Je ein Rohr der vorderen Geschütztürme mit Mündungskappen.

USS Colorado *in about 1944 after the replacement of her aft cage mast by a tower structure. The camouflage painting in accordance with Measure 32 prevents the recognition of details, e. g. the "flying platform" on the fore funnel, even at short distances. The hull bulges, however, are clearly visible. Two SRa radar antennas can be recognized. One gun barrel of each of the forward turrets is closed by a muzzle cover.*

Colorado 1945 bei der Rückkehr aus dem Krieg an die Westküste der USA mit paradierender Besatzung. Vorne immer noch Korbmast, auf dem sich drei Radarantennen zugleich befinden: SG, SK und SRa. Die 12,7-cm-Flak befindet sich noch hinter Schutzschildern.
Foto J. A. Casoly, Sammlung Fr. Villi

USS Colorado *in 1945 returning from the theatre of war to the US Westcoast. Her crew is manning the rails. She still carries her fore cage mast with the SG, SK, and SRa, antennas mounted. Her 12.7 cm AA guns are still concealed by protective shields.*

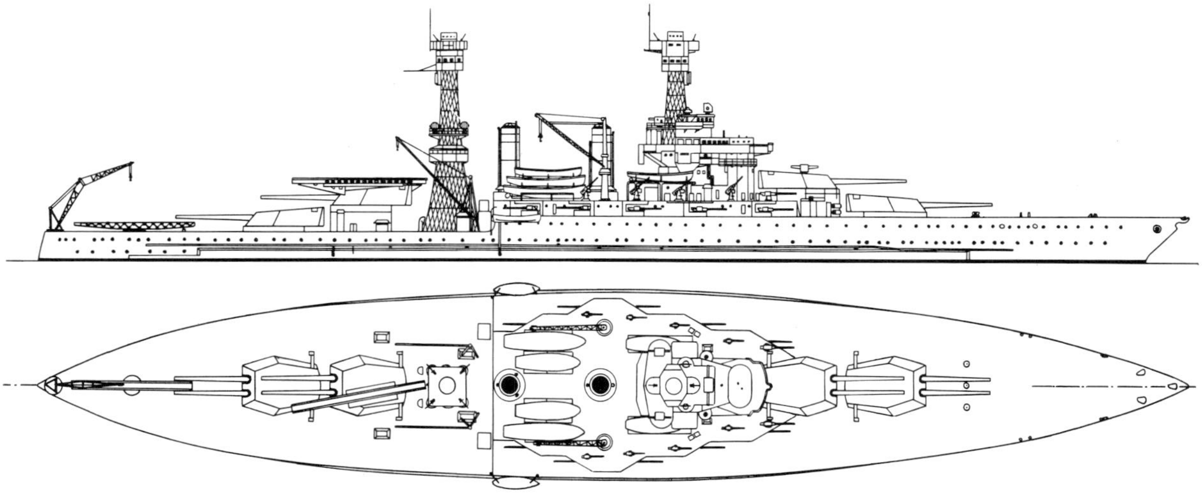

Maryland 1937.

USS Maryland *in 1937.*

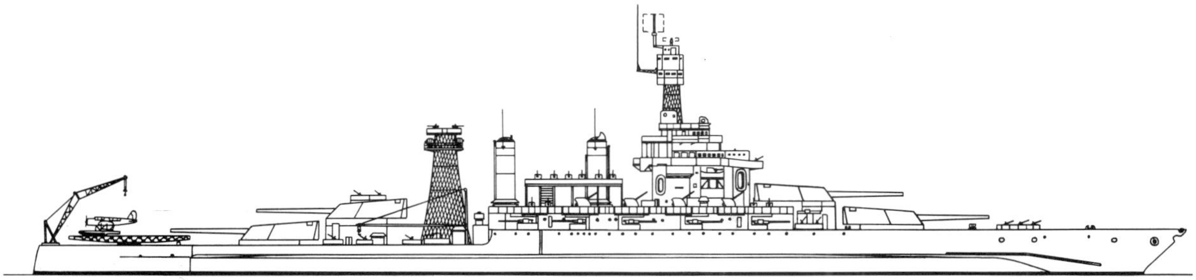

Maryland 1943 nach Wiederherstellung. Achterer Korbmaststumpf entspricht Ausführung auf Nebenzeichnung. SC- und SRa-Radar auf dem Vordermast.

USS Maryland *in 1943 after having undergone extensive repairs following the damages received at Pearl Harbour. For details of her aft cage mast stump see the section plan. SC and SRa radars are carried on top of her fore mast.*

achterer Korbmast auf *Maryland* 1943.

The aft cage mast stump of the Maryland *in 1943.*

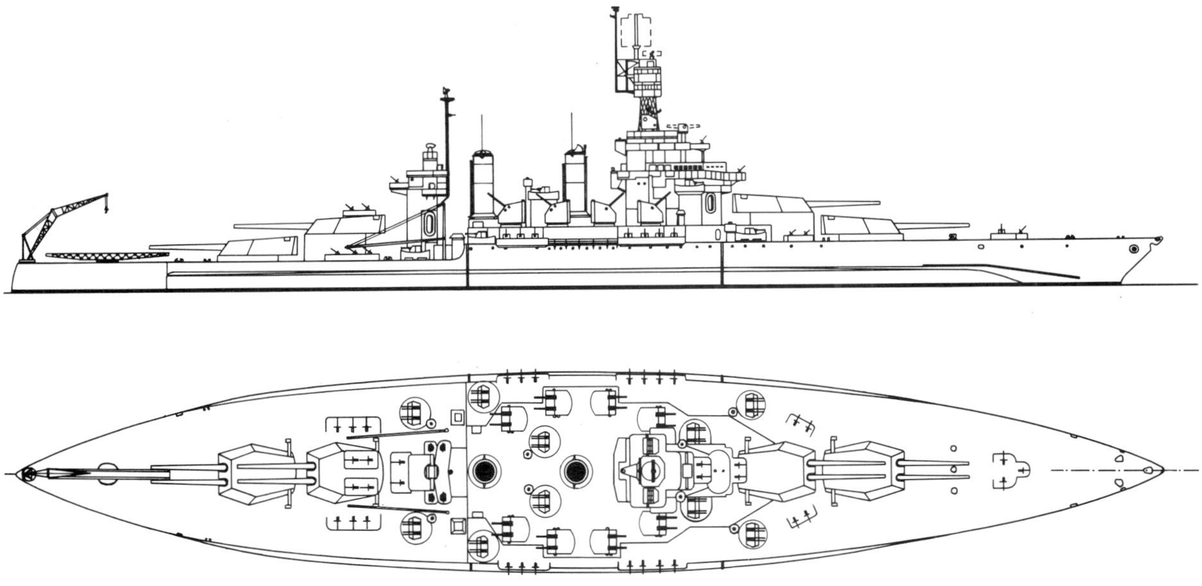

Maryland 1945 nach Umrüstung auf acht 12,7-cm-L/38-Doppeltürme. 20-mm-Flak-Plattformen ragen seitlich über die Deckskante hinaus. Turmaufbau statt des achteren Korbmast-Stumpfes. SK- und SRa-Radar auf Vormars.

USS Maryland *in 1945 after her rearmament with eight 12.7 cm L/38 twin-turrets. The platforms holding the 20 mm AA guns are overlapping her deck on either side. Her aft cage mast stump has been replaced by a tower structure. She carries SC and SRa antennas on her foretop.*

Maryland nach dem Ergänzungsumbau. Achtern Turmaufbau mit SRa-Radarantenne anstelle des Korbmast-Stumpfes. 7,6-cm-Flak hinter provisorischen Schildern. SK- und SRa-Radar auf Vormast, darunter ein Entfernungsmeßgerät und zwei radargesteuerte Feuerleitgeräte. Tarnung nach Schema 12. 12,7-cm-L/38-Einzeltürme fehlen hier noch. Foto 4/1944

USS Maryland *after her second reconstruction during the war. Her aft cage mast has been replaced by a tower structure crowned by a SRa antenna. The SK and another SRa radar antennas are mounted on her foremast. A range-finder and two radar controlled fire control gear are installed below the antennas. Her 7.6 cm AA guns are concealed by provisional protective shields. Her 12.7 cm L/38 single-turrets have not been mounted yet. The ship is wearing camouflage painting in accordance with Measure 12.*

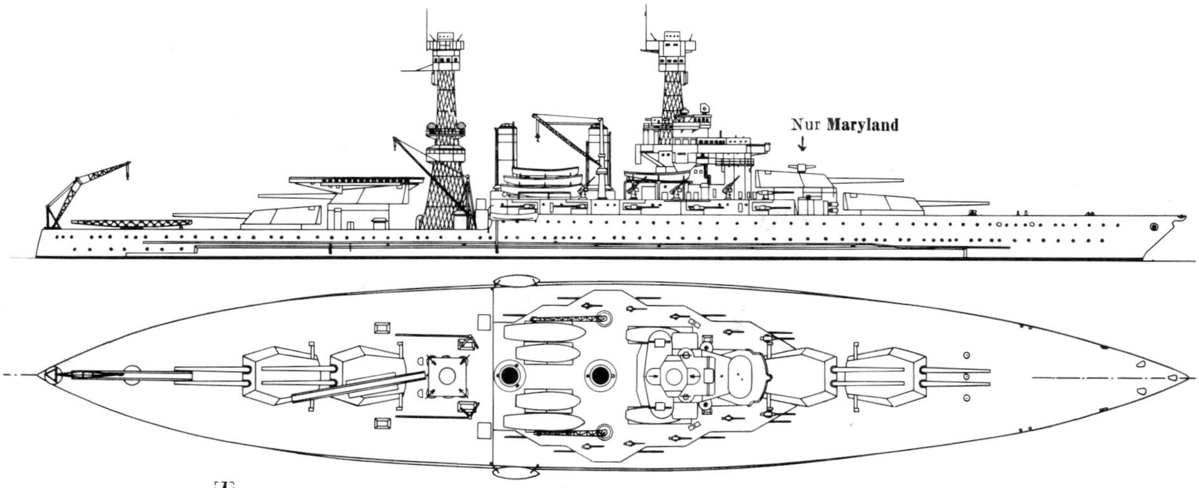

West Virginia 1937

USS West Virginia *in 1937.*

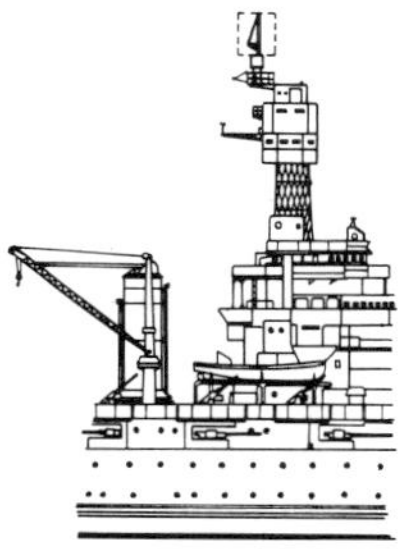

West Virginia Ende 1941 vor Pearl Harbor. CXAM-Radar bereits auf Vordermast, Flak bereits hinter Splitterschutz.

USS West Virginia *off Pearl Harbour at the end of 1941. A CXAM radar screen is installed on her fore mast. Her AA guns have been placed behind splinter-proof shields.*

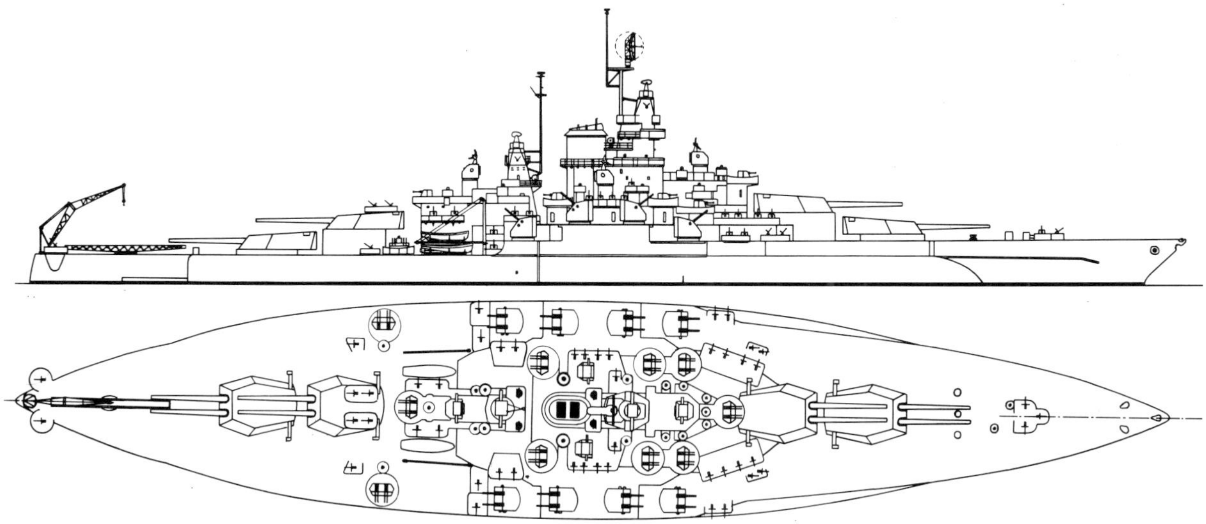

West Virginia 1945 nach Totalumbau. Unterschied zu *Tennessee* besteht nur in leicht veränderter Aufstellung der 20-mm-Flak und in der Anzahl der schweren Geschützrohre je Turm. SK-2-Radar auf Vordermast.

USS West Virginia *after her total reconstruction. There is very little difference in appearance between this ship and the* Tennessee *although they belong to two different design classes. Besides the calibers of their guns and minor differences in their 20 mm AA gun positioning the* West Virginia *carries four heavy gun twin-turrets whereas the same number of triple-turrets is characteristic of the* Tennessee. *The SK-2 radar antenna is rigged on the* West Virginia's *fore mast.*

Friedensaufnahme von *West Virginia.* Eine offene 12,7-cm-L/51-Kanone sowie Minenräumgeräte befinden sich neben Turm B, Gestänge zum Anbringen des Sonnensegels auf dem Vorschiff. Buganker. Foto 8/1935

Pre-war appearance of USS West Virginia. *Note the open-mounted 12.7 cm L/51 gun and the minesweeping gear abreast her B-turret, the awning stanchions and stretchers, as well as her bow anchor.*

West Virginia nach Totalumbau. Das einzige Schiff dieser Klasse, das nach dem Muster der Vorgänger-Klasse *Tennessee* umgebaut wurde. Hier noch getarnt nach Schema 32 und mit SK-Radarantenne.

USS West Virginia *after her total reconstruction. She was the only ship of this class reconstructed according to the design of the* Tennessee *class preceding her own. Her camouflage painting is in accordance with Measure 32. She is equipped with a SK antenna.*

North Carolina-Klasse

Dies waren die ersten fertiggestellten Schlachtschiffe nach rd. 18 Jahren Pause. Es war ein völlig neuer Entwurf, auch äußerlich ohne Anlehnung an die Vorgänger-Klassen: Rückkehr zur steilen Bugform, erstmalige Einführung des Turmmastes auf amerikanischen Schlachtschiffen und erstmalige Anwendung der Mittelartillerie in Doppel-Lafetten mit geschlossenen schweren turmartigen Schutzschildern mit gleichzeitiger Fla-Kapazität, Konzentration der Mittelschiffsaufbauten zwecks Sicherstellung eines größeren Bestreichungswinkels für die schwere Artillerie. Zwei Katapulte und ein Flugzeugkran wurden auf die Schanz gesetzt, wo sie allerdings (vor allem bei geringer Rohrerhöhung) den Bestreichungswinkel des achteren 40,6-cm-Geschützturms stark reduzierten.

Mit 28 kn Geschwindigkeit war diese Klasse im Vergleich zu ihren modernen europäischen Gegenstücken um 2–3 kn langsamer. Neu entwickelte 40,6-cm-Geschütze wurden installiert. Wie auch auf allen älteren Klassen wurde der noch verfügbare Decksraum im Laufe des Krieges zunehmend durch leichte Flak in Anspruch genommen, wozu auch zahlreiche Konsolen und Wannen als Splitterschutz aufgestellt wurden. Dies waren die ersten Schlachtschiffe, deren Rumpf keine Bullaugen mehr hatten, was bei wenigen Nachteilen sehr viel wichtigere Vorteile mit sich brachte.

Im Vergleich zu den Vorgänger-Klassen waren die Kosten für ein Schiff dieser Klasse recht hoch: rd. 77 Mio. $, wofür man allerdings im Jahre 1976 kaum noch einen Zerstörer bauen könnte.

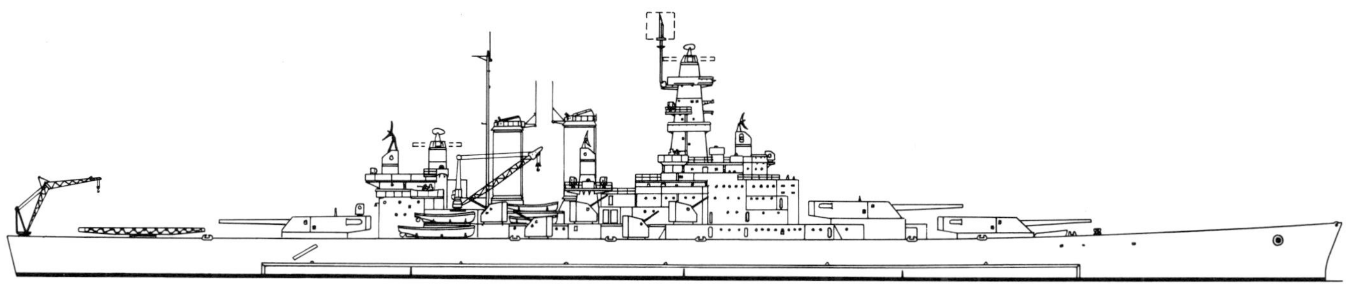

North Carolina 1942. Rumpf ohne Bullaugen. Neue 40,6-cm-Geschütztürme. Erstmalige Verwendung von Turmmasten und 12,7-cm-Doppeltürmen auf Schlachtschiffen, wobei hier die Mittelartillerie zugleich auch Flak ist. Die zahlreiche leichte Flak fehlt hier noch. CXAM Radar vorn.

USS North Carolina *in 1942. Her hull does not show any portholes. New 40.6 cm gun turrets were mounted. She was the first battleship to have tower structures instead of masts, and 12.7 cm twin-turrets. The 12.7 cm guns mounted are dual purpose guns (DP). The numerous light AA guns of later war years were not emplaced yet in 1942. The CXAM radar is installed in a forward position.*

North Carolina, nur wenige Monate nach der Fertigstellung, hier mit Tarnanstrich nach Schema 12. Im Laufe der sechsjährigen Dienstzeit wurde der Tarnanstrich dieses Schiffes mehrmals gewechselt. Es wurden hierbei verwendet: Schema 2 (1941), Schema 12 (1942), Schema 21 (1943), Schema 32 (1944), Schema 22 (1945/46), Schema 13 (1947). Die Luftaufnahme verdeutlicht die Aufstellung der 12,7-cm-Doppeltürme, die veränderte Form der neuen 40,6-cm-Geschütztürme. CXAM-Radarantenne. Zahlreiche 20-mm-, aber noch keine 40-mm-Flak an Bord. Foto 6/1942

USS North Carolina *as she appeared a few months after her completion already wearing the camouflage painting according to Measure 12. In the course of her six years of service the* North Carolina *changed her camouflage paint several times: Measure 2 — 1941, Measure 12 — 1942, Measure 21 — 1943, Measure 32 — 1944, Measure 22 — 1945/46 and Measure 13 — 1947. The aerial view clearly shows the arrangement of her 12.7 cm twin-turrets, the different shape of the newly introduced 40.6 cm gun turrets, and the great number of 20 mm AA guns. The 40 mm AA guns have not been mounted yet.*

North Carolina mit kleiner Kenn-Nummer am Heck, mit zwei schweren Entfernungsmessern Mk 38 und vier Mk-37-Geräten mit Feuerleitradar. Je eine OS2U "Kingfisher" auf jedem der beiden Katapulte. Foto 6/1942

USS North Carolina *showing her small-sized pennant number aft. Two Mk 38 range-finders and four Mk 37 radar controlled ones are carried. An OS2U "Kingfisher" is mounted on either catapult.*

North Carolina Ende 1944 mit Tarnanstrich nach Schema 32. Der Kriegs-Zensor hat sämtliche Ortungs- und Feuerleitradarantennen wegretuschiert.

USS North Carolina *at the end of 1944 with her camouflage painting according to Measure 32. Her search and fire control radar equipment has been erased by a wartime censor.*

North Carolina; obwohl bereits 8/1946, immer noch im Zweifarbenanstrich nach Schema 22. SK-Radar auf dem Turmmast. Schwarz gepönte Schornstein-Aufsätze.

Sammlung A. Fraccaroli

USS North Carolina *in August 1946 still wearing her camouflage paint according to Measure 22. Note the SK radar antenna installed on her tower mast. Her funnel caps are painted black.*

North Carolina wurde in ihrem letzten Zustand als Denkmalsschiff konserviert, d. h. mit der "haze gray"-Bemalung nach Schema 13, mit der großen Bugnummer, mit der SK-2 Radarantenne und sämtlicher Flak. Das Schiff liegt hoch im Wasser an seinem Liegeplatz in Wilmington, N. C.

USS North Carolina *as a memorial ship painted "haze-gray" according to Measure 13. Note the large-sized pennant number, the SK-2 radar antenna, and the numerous light AA guns. The ship rides high in her berth mooring site in a port basin near Wilmington, N. C.*

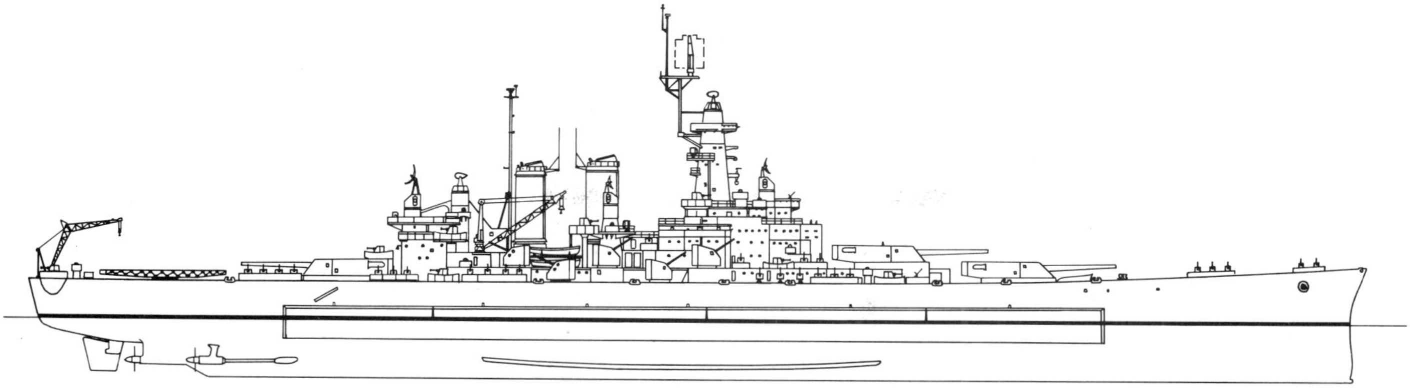

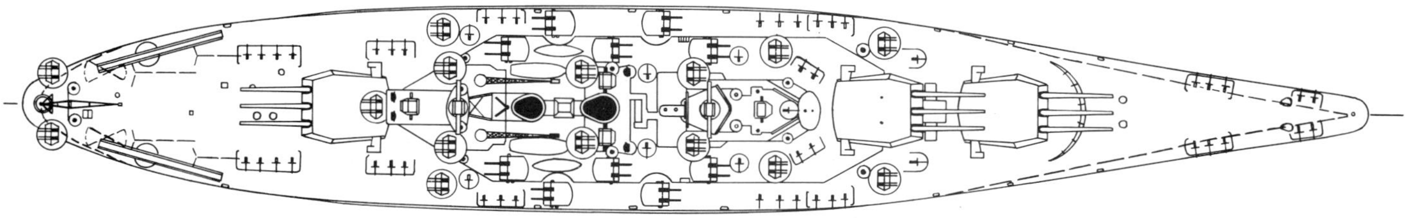

Washington 1944 mit sehr starker leichter Flak und SK-Radar auf dem vorderen Mast. Feuerleitradar auf den Mk-37-Geräten, 40-mm-Flakplattform auf dem achteren 40,6-cm-Turm. Sehr hohe, nahe beieinander stehende Schornsteine.

USS Washington *in 1944 showing numerous light AA guns and a SK radar screen on her fore mast. The fire control radar is placed on the Mk 37 gear. Platform-mounted 40 mm AA guns are to be seen on top of the aftermost 40.6 cm gun turret. She has two tall funnels placed closely together.*

Washington nach der Fertigstellung, jedoch noch ohne Mk-38-Feuerleitgeräte. Auch fehlen hier die Feuerleit-Radarantennen Mk 4 auf den vier Mk-37-Leitgeräten (oder evtl. Retusche des Kriegs-Zensors?). Beachtenswert der helle Anstrich des oberen Teils des Turmmastes. Foto 1941

USS Washington *after her completion still without the Mk 38 rangefinders. The fire control radar Mk 4 antennas on the four Mk 37 fire control instruments are still missing (or were erased by a wartime censor). Note the upper half of her fore tower mast showing a light painting.*

Washington tief im Wasser liegend, mit Tarnanstrich nach Schema 22. Zwei "Kingfisher"-Aufklärer auf den Katapulten. SK-Radarantenne sowie zwei SG-Antennen sind deutlich wahrnehmbar. Foto 5/1944

USS Washington *drawing deep. Her camouflage paint corresponds to Measure 22. Two Kingfisher reconnaissance seaplanes are carried on the catapults. Note the SK and the two SG radar screens installed.*

South Dakota-Klasse

Dies waren verkürzte Nachfolger der *North-Carolina*-Klasse, bei gleicher Schiffsbreite. Wegen des geringeren Schlankheitsgrades mußte zur Erreichung von 28 kn die Maschinenanlage verstärkt werden. Der durch die geringere Länge verlorengegangene Innenraum konnte durch die Verbreitung des 1. Aufbaudecks kompensiert werden. Dieses Deck reichte dabei seitlich fast bis an den Bordrand. Deswegen erhielten diese Schiffe beidseitig nur einen schmalen Laufsteg, der nicht zuletzt dazu diente, um Beölungsschläuche ungestörter und rascher anzuschlagen. Aus diesem Grunde wurde die gesamte 12,7-cm-Flak ein Deck höher aufgestellt, als dies bei *North Carolina* der Fall war. Die Länge des Hauptaufbaudecks betrug hier kaum ein Drittel der gesamten Rumpflänge. Durch diese Konzentration der Aufbauten konnten bessere Bestreichungswinkel für die schweren Geschütze erreicht werden.

Dank einer besseren Konzentration und Koordination der Planungs- und Baukapazitäten konnten alle vier Schiffe dieser Klasse nach relativ kurzer Bauzeit fertiggestellt werden, und sie bewährten sich in zahlreichen Kriegseinsätzen.

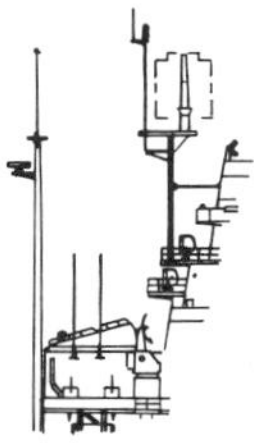

Mastanordnung ab 1944. Auf Vordermast nunmehr SK-Radar.

The position of her masts as of 1944, the fore mast carrying a SK radar antenna now.

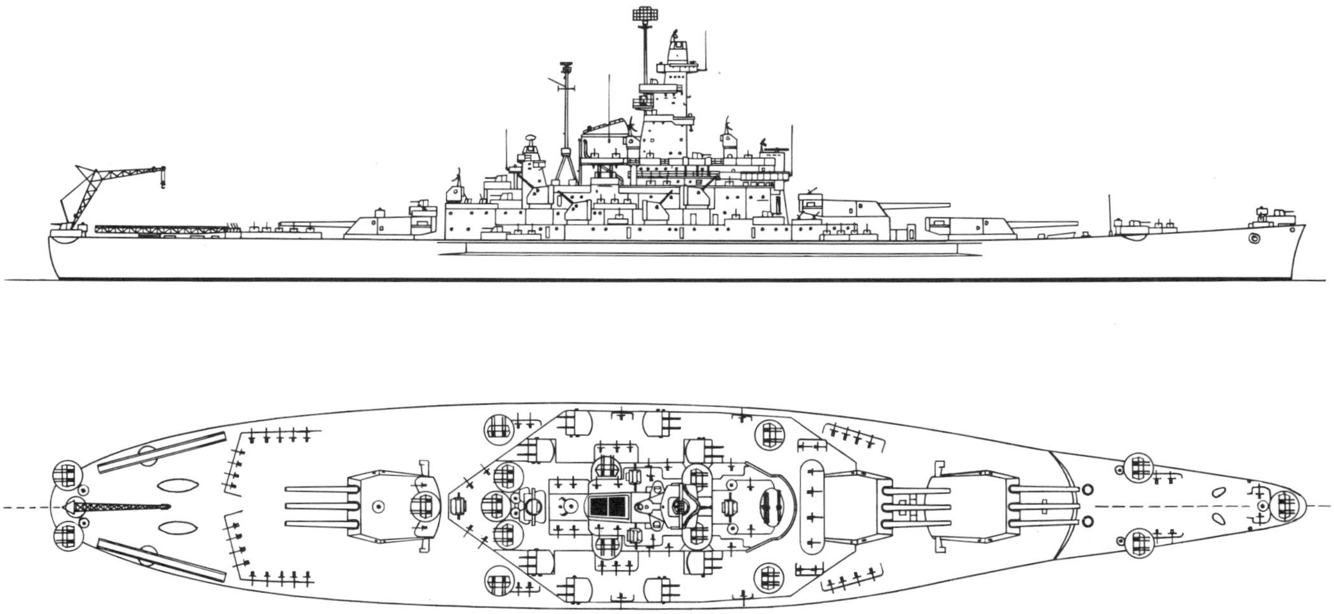

South Dakota 1943. Kompakte, auf weniger als 1/3 der Schiffslänge konzentrierte Aufbauten. Turmmast und Schornstein vereint. SC-2-Radar auf vorderem Mast, SG achtern. Ein 12,7-cm-Geschützturmpaar in der Mitte fehlt, dafür an dieser Stelle verstärkt 40-mm- und 20-mm-Flak aufgestellt. Auf dem Achterschiff 18 20-mm-Flak in „Igelstellung". Sowohl 40-mm- als auch 20-mm-Flak auf dem achteren 40,6-cm-Geschützturm. Die Aufstellung der drei vordersten 40-mm-Nester ist nur für dieses Schiff kennzeichnend.

USS South Dakota *in 1943. Her compact superstructure is concentrated on less than one third of the ship's length. Her funnel is faired into her tower. The SC-2 and the SG radar screens are installed in fore and aft position, respectively. In comparison with her sister ships the* South Dakota *carries two 12.7 cm twin-turrets less in midships position which is partly compensated by additional 40 mm and 20 mm AA guns. On her quarterdeck eighteen 20 mm AA guns are emplaced in a socalled "hedgehog defense position" between the aftermost heavy gun turret and the catapult. Some more 40 mm and 20 mm AA guns are positioned on top of her aft 40.6 cm gun turret. The arrangement of the three 40 mm AA gun stations on her forecastle deck is characteristic of this ship only.*

South Dakota in Begleitung eines Zerstörers. Der jeseits fehlende 12,7-cm-L/38-Doppelturm ist durch einen 40-mm-Vierling ersetzt. Je eine SRa-Antenne auf der Zitadelle und auf dem vorderen Mk-38-Leitgerät, SC-2 dahinter am Mast, SG auf dem achteren Mast. Beachtenswert, daß sämtliche 40-mm-Vierlingsflak noch abgedeckt sind. Die Anordnung der drei vorderen 40-mm-Geschützwannen ist nur für dieses Schiff typisch. Anstrich nach Schema 21.
Foto 8/1943

USS South Dakota *escorted by a destroyer. The 40 mm AA guns in quadruple mounts replace the missing 12.7 cm L/38 AA guns in twin-turrets on either side. Note the SRa antennas atop her citadel and the Mk 38 rangefinder as well as the SC-2 on her fore mast and the SG on her aft mast. The quadruple-mounted 40 mm AA guns are not uncovered yet. Note the arrangement of the three fore 40 mm AA gun stations characteristic of this ship only. Painted in accordance with Measure 21.*

South Dakota etwa 1944 im "navy blue"-Anstrich. Keine SRa-Antennen mehr, dafür SK auf dem Vormast.
Sammlung F. Villi

USS South Dakota *in about 1944 painted in "navy-blue". Her SRa antennas were removed and a SK antenna was installed on her foremast instead.*

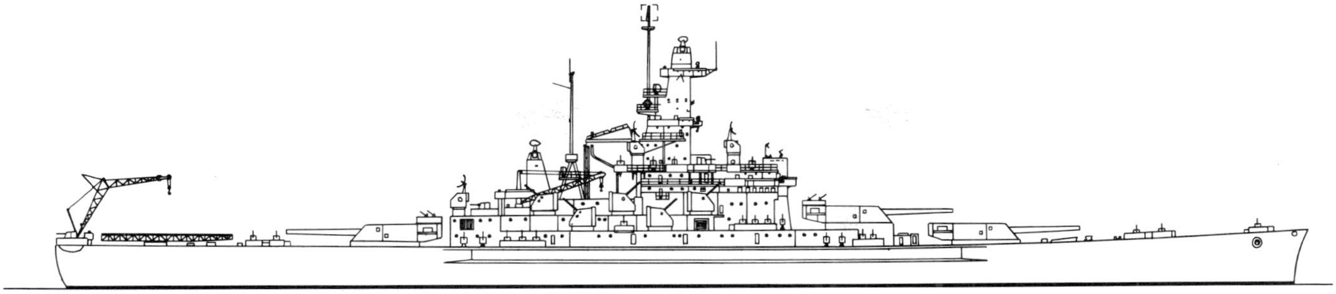

Indiana 1942. Fünf 12,7-cm-Doppeltürme auf jeder Seite Anordnung der leichten Flak anders als auf *South Dakota.* SC-Radarantenne auf dem Vordermast.

USS Indiana *in 1942. There are five 12.7 cm twin-turrets on each side. The positioning of her light AA guns differs from that of the* South Dakota. *She carries a SC radar antenna on her fore mast.*

Indiana etwa 1943 mit der SC-Radarantenne auf dem Vordermast, ein leichter Kreuzer der *Cleveland*-Klasse im Hintergrund. Tarnanstrich nach Schema 22.

USS Indiana *in about 1943. She bears a SC radar antenna on her foremast. Her camouflage painting is in accordance with Measure 22. A light cruiser of the* Cleveland *class can be seen in the background.*

Indiana, hier auf dem Marsch zu den Marshall-Inseln. Beachtenswert die sehr breiten Aufbauten, die SRa-Antenne auf der Zitadelle und der 40-mm-Flakstand auf Turm 2.
Foto 1/1944

USS Indiana *heading for the Marshall Islands. Note her very compact superstructures, the SRa antenna atop her citadel, and the 40 mm AA gun station atop B-turret.*

Indiana getarnt nach Schema 32 (dreifarbig). 20-mm-Flakstand auf dem ausgeschwenkten achteren Turm. Ein Flugzeug auf dem Steuerbord-Katapult, ein weiteres auf dem Achterdeck.

USS Indiana *wearing a three-colour camouflage painting according to Measure 32. Note the 20 mm AA guns atop her aft 40.6 cm gun turret. Both her starboard catapult and the fantail-deck carry an aircraft each.*

Indiana, etwa 1945, getarnt nach Schema 22. Beachtenswert ist die Konzentration der Aufbauten auf knapp ein Drittel des Schiffes. Sichtbar ist auch die Nische über der Seitenpanzerung.

USS Indiana *in about 1945 wearing camouflage painting according to Measure 22. Note the concentration of superstructures in hardly one third of the ship's length and the recess in her side armour amidships.*

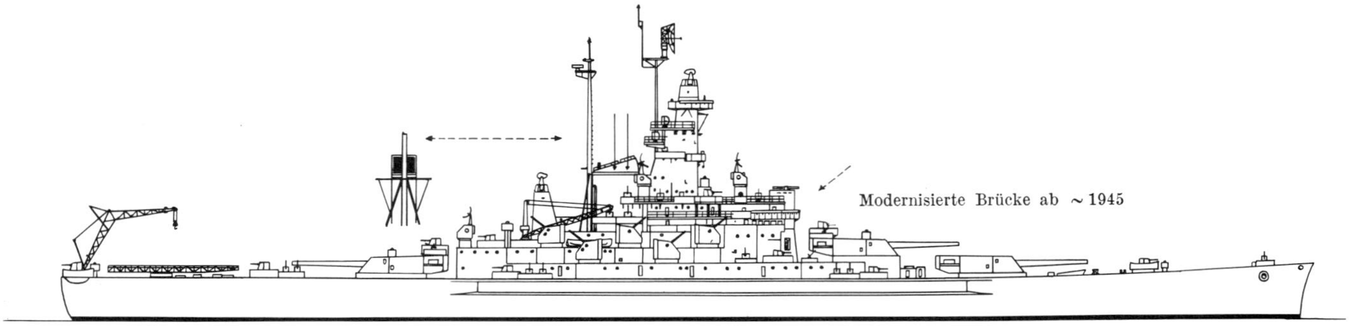

Massachusetts 1945. SK-2-Radar auf Vordermast. Nur wenig Schiffsboote, da nicht ausreichend Platz zur Unterbringung. Nische über der Seitenpanzerung des Rumpfes. 40-mm-Flak auf Turm B und Y. Geringe Unterschiede bei den Turmmast-Plattformen.

USS Massachusetts *in 1945 carrying a SK radar screen on her fore mast. For lack of space she has only a few ship's boats stowed aboard. Note the recess above the vertical armour belt of her hull. There are 40 mm AA gun platforms on top of her heavy gun turrets B and Y. As compared to her sister ships she shows but minor differences in the design of her tower platform.*

Die 1945 geschlossene Brücke.

Her bridge formerly open has now been closed (in 1945).

Massachusetts mit kleiner Kenn-Nummer und Tarnung nach Schema 22. SG-Radarantenne auf dem achteren Mast. Feuerleitradar des vorderen und achteren Mk-37-Geräts steil hochgeschwenkt. Foto 7/1944

USS Massachusetts *showing her small-sized pennant number and her camouflage painting according to Measure 22. Her SG radar antenna is rigged on her aft mast. Note the fire control radar in a high-angle position on the Mk 37 control gear in fore and aft position.*

Massachusetts, etwa 1946, noch mit Tarnanstrich nach Schema 22, SK-2-Radar auf dem vorderen, SC-2 auf dem achteren Mast. Der vordere erhöhte 40-mm-Flakstand sowie der auf dem Geschützturm B sind bereits entfernt. Brückenumlauf nunmehr verkleidet.
Foto J. A. Casoly, Sammlung Fr. Villi

USS Massachusetts, *approximately in 1946, with her camouflage painting in accordance with Measure 22. The SK-2 radar antenna is installed on her foremast, the SC-2 antenna on her aft mast. The raised 40 mm AA gun station on her forecastle deck and the station atop B-turret have already been removed. Note her modified bridge.*

Massachusetts an ihrem letzten Liegeplatz bei Fall River, Mass. "Haze gray"-Friedensanstrich, große Kenn-Nummer, SK-2-Radar auf dem Turmmast.
Foto 1965, Sammlung S. Breyer

USS Massachusetts *resting at her last berthing site near Fall River, Mass. Note her "haze-gray" peacetime painting, large-sized pennant number, and SK-2 radar antenna on her tower mast.*

Vorderansicht der *Alabama* mit deutlicher Darstellung der Partie über dem Seitenpanzer.

Front view of USS Alabama *showing her hull recess clearly.*

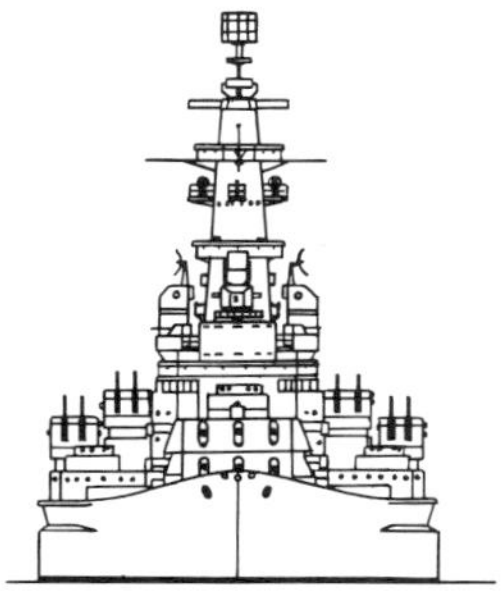

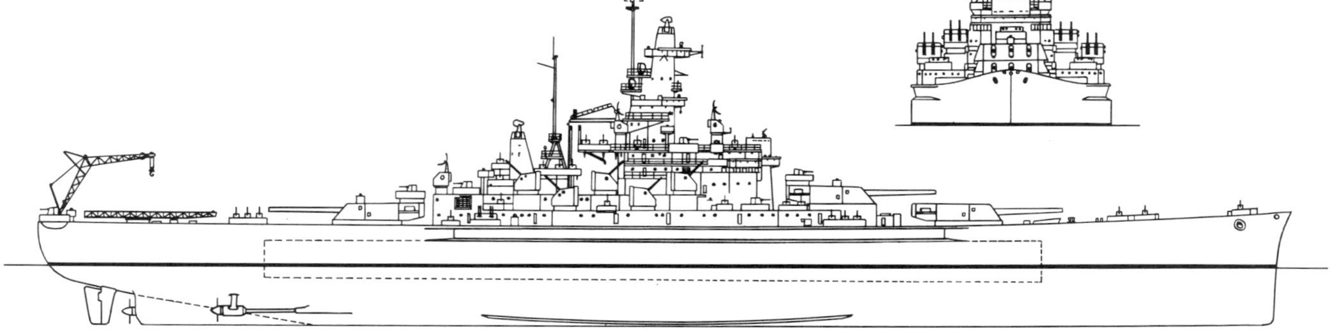

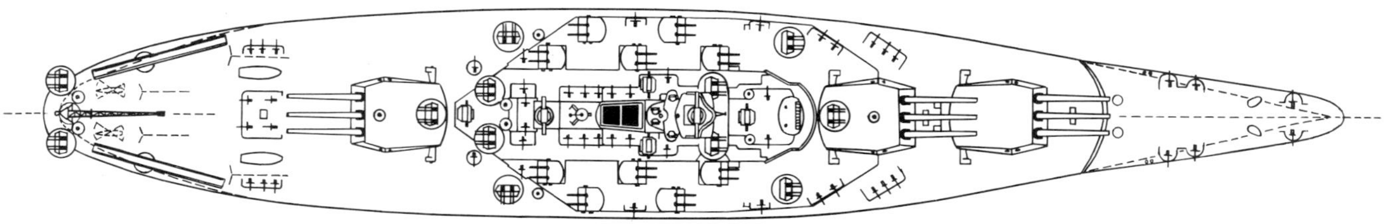

Alabama 1943. Zwischen Deckskante und den hier sehr breiten Aufbauten nur ein relativ schmaler Laufgang. Unterschiedliche Aufstellung der leichten Flak bei den Schiffen dieser Klasse.

USS Alabama *in 1943. Note the relatively narrow catwalk on both sides of her deck. The light AA gun arrangement differs from the disposition on board her sister ships.*

Breitseitaufnahme der *Alabama* vor der Bauwerft in Norfolk, die beiden vorderen 40,6-cm-Türme nach Backbord ausgeschwenkt. Beachtenswert die kompakten Aufbauten und der mit dem Turmmast vereinte Schornstein.

Foto 11/1942

Broadside view of USS Alabama *in front of Norfolk Navy Yard. Both the forward 40.6 cm gun turrets are swung to the port side. Note her compact superstructure with the funnel faired into the tower.*

Alabama, vier Monate nach Indienststellung, getarnt nach Schema 12. Ein Teil der später installierten 40-mm-Vierlinge fehlt hier noch. Foto 12/1942

USS Alabama *four months after her commissioning, camouflage painting according to Measure 12. Some of the 40 mm quadruple AA gun mounts to be installed are still missing.*

Alabama bei der gleichen Gelegenheit; Luftaufnahme leicht von achtern. SC-Radar auf dem Vormast.
Foto 12/1942, Sammlung S. Breyer

USS Alabama, *aerial photo taken at the same time as above. The SC radar antenna is carried on her foremast.*

Alabama, kurz nach Kriegsende, als auf etlichen amerikanischen Schiffen für eine kurze Zeit der Name in großen Lettern an der Rumpfflanke angebracht wurde. Tarnanstrich nach Muster 22. SK-2-Radar auf dem vorderen Mast, SRa auf dem achteren. Mk-13-Feuerleitradar auf dem vorderen Mk-38-Entfernungsmesser, Mk 8 auf dem achteren.

USS Alabama *shortly after the end of the war. Note the ship's name painted in large-sized letters on her hull flanks, an identification method used for a short period of time only. Also note her camouflage painting in accordance with Measure 22, the SK-2 radar antenna on her foremast, and the SRa radar on her aft mast. The Mk 13 fire control radar is installed on the forward Mk 38 rangefinder and on the Mk 38 in aft position.*

Alabama als Denkmalsschiff an seinem derzeitigen Liegeplatz vor Mobile, Ala. mit großer Kenn-Nummer. SK-2-Radar noch an Bord.

Foto 1969, Sammlung Fr. Villi

USS Alabama *resting in her present berthing site near Mobile, Ala., where she is used as a memorial ship. Note the large-sized pennant number and the SK-2 radar antenna still carried.*

Detailaufnahme der *Alabama* als Denkmalsschiff. SK-2-Radar hier ausgebaut. Vorderer und achterer Mast sehr dicht beieinander. Foto 5/1973, H. Pemsel

Midship section of the Alabama *as a memorial ship. The SK-2 radar antenna has been temporarily removed. Note the comparatively narrow space between her fore and aft masts.*

Diese Detailaufnahme verdeutlicht die genaue Ausbildung der „Nische“ über der Rumpf-Panzerung der *Alabama*. Auch der recht schmale Laufsteg entlang der Aufbauten ist sichtbar. Foto 5/1973, H. Pemsel

Close view of the Alabama's *midships section showing the recess above her hull armour. Note the narrow cat-walk along her superstructure.*

Iowa-Klasse

Mit der Fertigstellung von vier Einheiten stießen die Amerikaner in neue Bereiche vor. Unter Beibehaltung der Anzahl der schweren und mittleren Geschütze kehrte man wieder zur Verwendung von zwei Schornsteinen zurück und schuf wesentlich längere Schiffe, die zu den schnellsten Schlachtschiffen der Welt gehörten. Die größere Länge gestattete die Aufstellung von wesentlich mehr leichter Flak, ermöglichte eine noch bessere Panzerung und schaffte Raumreserve für größere Stäbe. Die Breite wurde der vorherigen modernen Schlachtschiffe angepaßt, womit die Fähigkeit, den Panama-Kanal zu passieren, erhalten blieb. Im Verhältnis zu dieser Breite wurde durch die Mehrlänge ein für Schlachtschiffe bis dahin unerreichter Schlankheitsgrad erreicht. All diese großen Vorteile mußte man allerdings durch ein Standard-Mehrgewicht von mehr als 10 000 ts erkaufen.
Geschätzt wurden diese vier Schiffe, die gelegentlich zu einer „schnellen Schlachtschiff-Division" vereint wurden, nicht nur wegen der guten Ergebnisse beim Landbeschuß, sondern auch als schnelle Begleiter von Flugzeugträgergruppen, für deren Abwehr gegen japanische Flugzeuge sie durch ihre hohe Geschwindigkeit und durch die Massierung der schweren und leichten Flak gut sorgen konnten.
Die Fähigkeit der Schlachtschiffe, beim Küsten- und Landbeschuß exaktere Resultate unter kleinerem Risiko zu erreichen, wurde einmal mehr im Korea-Krieg bewiesen, an dem alle vier Schiffe dieser Klasse teilnahmen. Ja, sogar im Zeitalter der Lenkwaffen und der bestmöglichen Bombenzielvorrichtungen auf Flugzeugen konnte man später vor der Vietnam-Küste auf schwere Geschütze nicht verzichten. Allein dieser Tatsache ist zu verdanken, daß die *New Jersey,* ein Schiff dieser Klasse, zwischen 1968 und 1969 erneut aus der Reserveflotte geholt und reaktiviert wurde. Während ihrer einzigen Einsatzperiode vor der Vietnam-Küste hat sie beim Landbeschuß gute Resultate erzielt, die beim Einsatz von Flugzeugen mit weit höheren Verlusten hätten bezahlt werden müssen. Um diese Verluste zu mindern, lohnte auch der kurze Einsatz der *New Jersey* mit ihren mächtigen 40,6-cm-Kanonen.

achterer Schornstein 1953.

The ship's aft funnel in 1953.

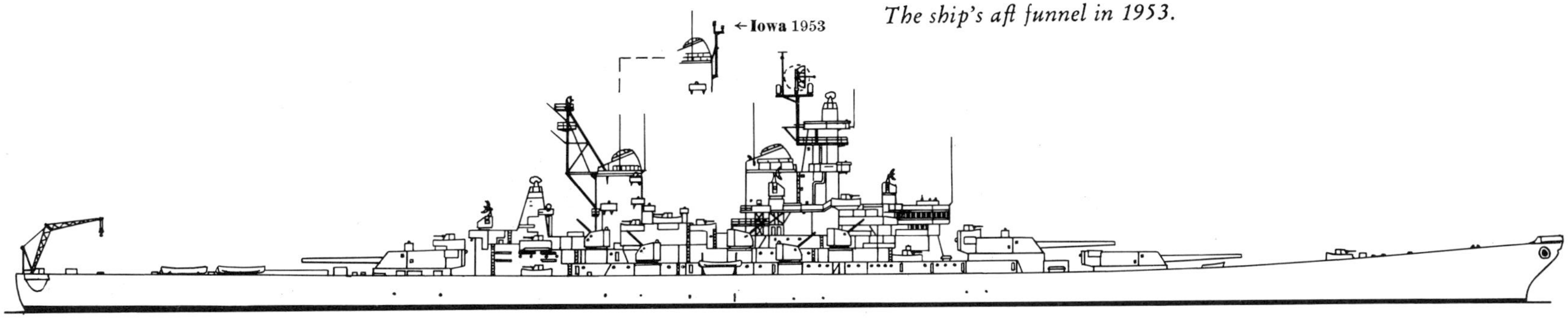

Iowa 1948 mit SK-2-Radar und nach Entfernung aller 20-mm-Flageschütze. Mast an den achteren Schornstein „angeklebt". Kein Katapult mehr auf der Schanz.

USS Iowa *in 1948 carrying a SK-2 radar screen. All 20 mm AA guns have been removed. Her aft mast is supported by her aft funnel. Her quarterdeck-mounted catapult has been removed.*

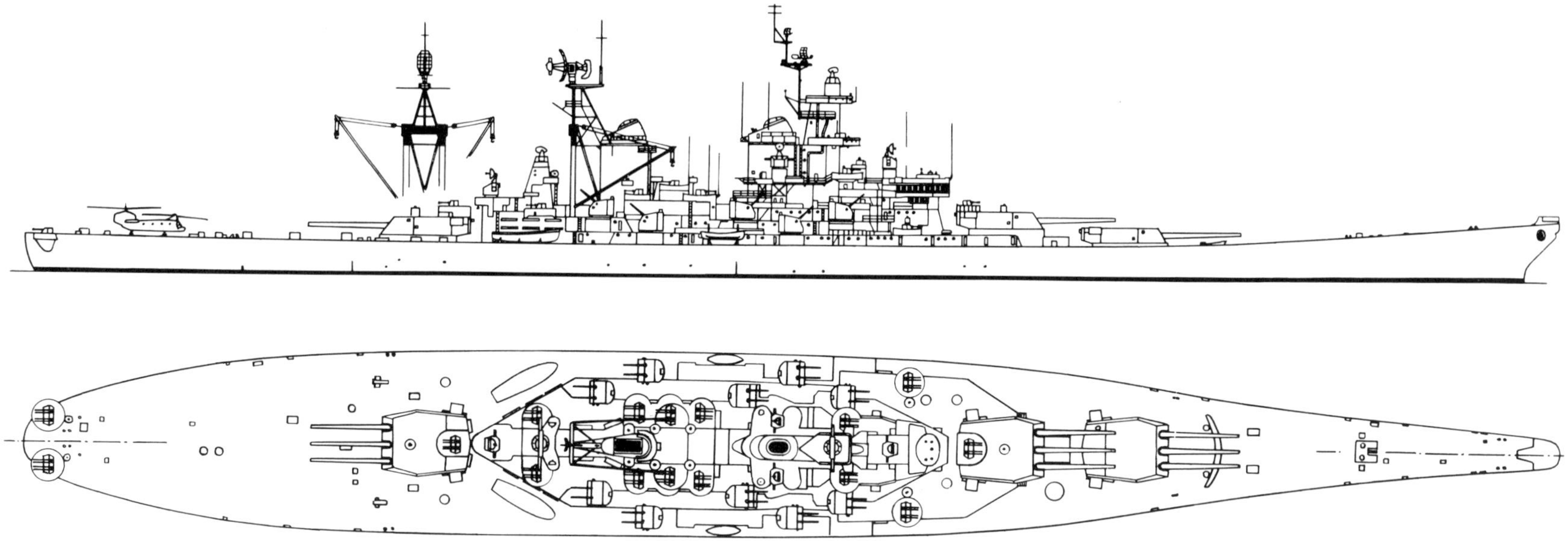

Iowa 1958, bei Ende der zweiten aktiven Dienstperiode, mit SPS-6-Radar vorn und SPS 8A achtern auf dem nunmehr unterstützten achteren Mast. Achterschiff als Hubschrauber-Fläche klariert. 1945 am achteren Schornstein noch leichter Dreibeinmast mit SC-2-Radarantenne. Achtere Rah und Maststengen wechselten mehrmals bei allen Schiffen dieser Klasse. Flugzeugkran nicht mehr an Bord.

USS Iowa *in 1958 before her decommissioning after her second active service period. The SPS 6 radar antenna is carried in fore position while the SPS 8A screen is rigged on her additionally supported aft mast. Her quarterdeck has been cleared and her aircraft handling crane removed to make room for helicopter operations. In 1945 she was equipped with a SC-2 radar antenna rigged on a light tripod mast that had been mounted on her aft funnel. The aft masts and the topmasts were several times modified in ships of this class.*

Eines der wenigen Familien-Portraits der "*Iowa*'s": "Battleship Division Two" während der gemeinsamen aktiven Zeit im Anschluß an den Koreakrieg, etwa 8 Monate vor der Außerdienststellung der *Missouri*. Von vorn nach hinten gesehen: *Iowa, Wisconsin, Missouri, New Jersey*. Alle Schiffe führen nun schwarze Schornsteinaufsätze.
Foto 6/1954

One of the few "family portraits" of the "Iowa's" showing "Battleship Division Two" during their active service after the Korean War about eight months prior to the decommissioning of USS Missouri. *USS* Iowa *leads USS* Wisconsin, *USS* Missouri, *and USS* New Jersey, *the four ships with their funnel caps painted black.*

Iowa, zwei Monate nach der Indienststellung, vor der Marinewerft New York ankernd, bereits mit der SK-Radarantenne auf dem Vormast. 40-mm-Flak noch abgedeckt.
Foto 4/1943

USS Iowa *two months after her commissioning anchoring off the New York Naval Shipyard. She already carries her SK radar antenna on her foremast. The 40 mm AA guns are still covered.*

Iowa mit großer Erhöhung aller Fla-Rohre. Die Vorschrift des Tarn-Schemas 22 wird hier peinlich genau befolgt. Da das Heck leicht ansteigt und somit nicht parallel zur Wasserlinie verläuft, wurde es dunst-grau angestrichen und nicht marine-blau. Foto 11/1943

USS Iowa *with all her AA gun barrels elevated. Her camouflage paint exactly follows Measure 22. Her raised fantail deck does not run parallel to the water line and is therefore painted haze-gray instead of navy-blue.*

Stark vorliche Ansicht der *Iowa,* etwa zu Beginn 1944. Tarnungs-Schema nunmehr geändert. Schiff macht leichte Fahrt mit herabgelassenem Buganker. Bei schwerer See waren die Geschützbedienungen der vorderen 20-mm-Flak durch Wellenschlag besonders gefährdet.
Sammlung S. Breyer

Slightly oblique forward view of the Iowa *approximately at the beginning of 1944. The camouflage painting has been changed. With her bow anchor lowered the ship is making slow speed. The crews manning the forward 20 mm AA gun stations are highly exposed to the breaking sea.*

„Friedens"-Aufnahme der *Iowa* mitten im Korea-Krieg. Sämtliche 20-mm-Flak sind entfernt, die Stände zum Teil ausgebaut, ebenso wie auch die Katapulte. Bereits schwarze Schornsteinkappen und große Kenn-Nummer. Identifikations-Nummer „61" mit Orientierungsstrich darunter auf Turm A, Sternenbanner auf der Decke des Turmes B. SPS-6-Radar auf dem Masttopp, SP auf dem achteren Mast.
Foto 10/1952

"Peaceful" photograph of the Iowa *during the Korean War. All 20 mm AA guns and part of the AA gun stations as well as the catapults have been removed. She already shows black funnel caps and a large-sized pennant number. Note the identification pennant number "61" underlined for correct air recognition on A-turret and the "Stars and Stripes" painted on B-turret. A SPS 6 radar is carried on her forward mast top, a SP radar on her aft mast.*

Eindrucksvolle Aufnahme zweier Schwesterschiffe in einem fernöstlichen Hafen: *Iowa* (große Munitionsmengen auf dem Achterdeck gestapelt!) und *Missouri* (hier immer noch mit kleiner Bug-Nummer). Boots-Lagerungsgestelle auf dem Achterdeck. Feuerleit-Radarantennen auf den Mk-37-Leitgeräten der *Missouri* sind moderner als die auf *Iowa*. Zum Größenvergleich am unteren Bildrand ein Hilfs-Landungsschiff (LCU), wie es in ähnlicher Ausführung auch die deutsche Bundesmarine besitzt.

Foto 10/1952

An impressive aerial view of the two sister ships, USS Iowa *(with the ammunition stowed on her quarterdeck) and USS* Missouri *(still showing a small-sized pennant number), in a Far East port. Note the faintail-sited boat stowage racks. The* Missouri *carries a more recent fire control radar equipment with the Mk 37 gear than the* Iowa *does. The photograph shows a landing craft, utility (LCU) on the upper edge. It is interesting to compare the size of this landing craft with the size of the battleships. Similar LCU's have been used by the Federal Republic of Germany Navy.*

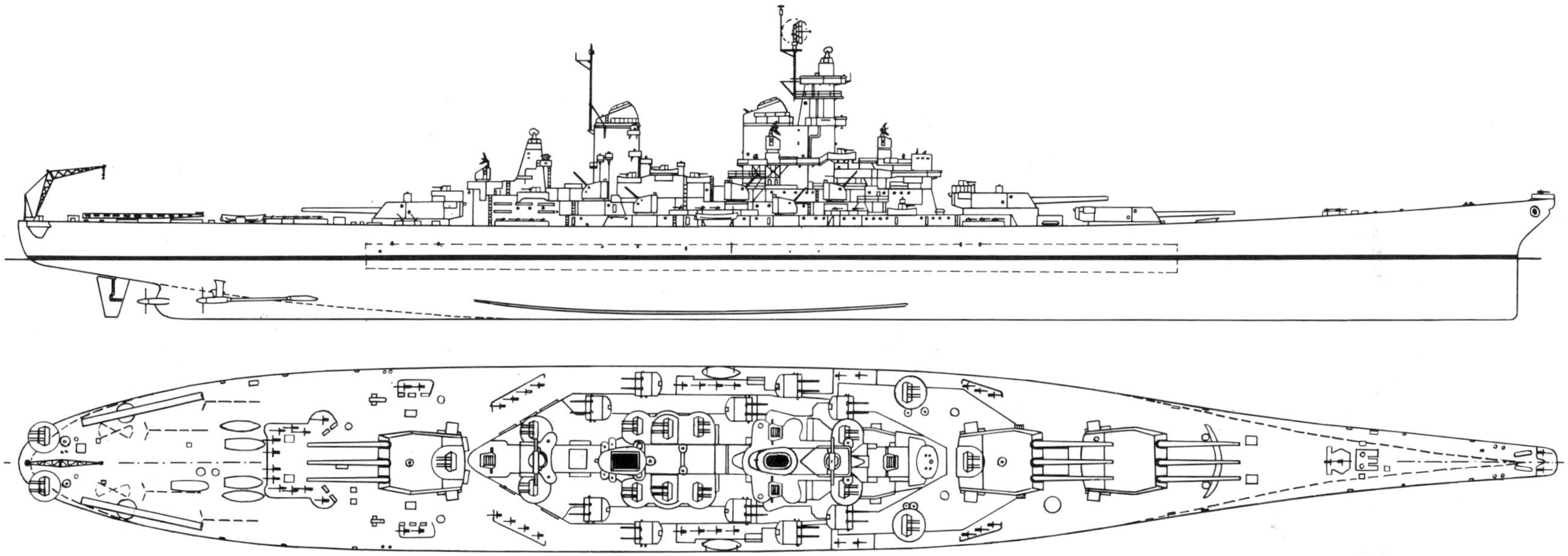

New Jersey etwa 1945, noch mit Katapulten, SK-2-Radar und zahlreichen 20-mm-Flak, insbesondere auf dem Hauptdeck. Noch einfacher Pfahlmast am achteren Schornstein.

USS New Jersey *in about 1945 still carrying both her catapults. Her SK-2 radar can be seen in a fore position. She is armed with numerous 20 mm AA guns mainly emplaced on her main deck. She still has a pole mast supported by her aft funnel.*

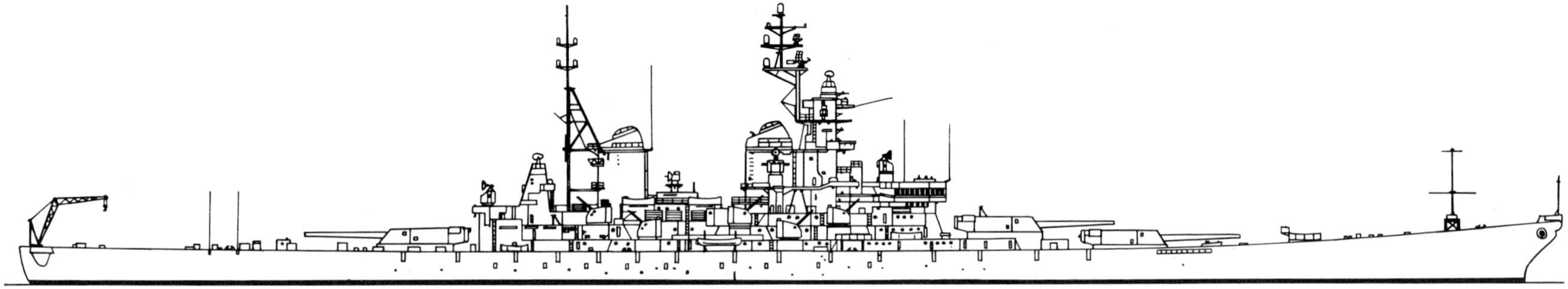

New Jersey 1968/69 während der dritten aktiven Dienstperiode. Schwere Nachrichtenverbindungsantenne auf der Back. Alle ehemaligen 40-mm-Flak-Wannen nunmehr leer, die von den Türmen B und Y entfernt. Mk-37-Feuerleitgeräte haben neuere Feuerleitradarantennen. Zwischen den Schornsteinen zusätzlich zwei Feuerleitgeräte Mk 56. Veränderung der Vormars-Partie. Vordermast hat mehrere Plattformen zur Aufnahme von ECM-Antennen. Achterer Mast nunmehr unterstützt, obwohl nur einige leichte IFF-Antennen dort angebracht sind. Vorn nur noch SPS-6- und -10-Radar. Flugzeugkran dient nunmehr dem Liften der Schiffsboote. Mehrere Peitschen-Antennen an Brücke, Schornstein und Deckskante achtern.

USS New Jersey *in 1968/1969. The plan shows the ship during her third active service period. A heavy communications aerial has been installed on her forecastle deck. All her 40 mm AA gun countersunks are empty and the sponsons on top of her turrets B and Y have been removed. Her Mk 37 fire control gear have received up-to-date fire control radar screens. Two additional Mk 56 fire control gear are placed between her funnels. Her foretop has been modified to accomodate the sophisticated ECCM aerials. Her fore mast shows several newly mounted platforms for the ECM aerials. Her aft mast has been reinforced by supports although it only bears some light IFF antennas. The SPS 6 and 10 radar screens are in fore position. The aircraft handling crane has been retained to handle the ship's boats. A number of whip aerials is carried on, and/or attached to, her bridge, funnels and fantail.*

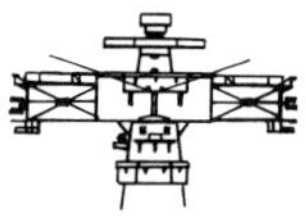

Vorderansicht des veränderten und mit ECCM-Antennen bestückten Vormarses.

Front view of her modified top with the ECCM frames.

Ungewöhnliches Detail der *New Jersey:* der Aufsatz des achteren Schornsteins, hier mit Reeling, Laufsteg und noch nicht, wie viel später, schwarz gestrichen. Deutliche Darstellung der SG-Radarantenne. Scheinwerfer auf Schornsteinplattform. Ein "Kingfisher"-Aufklärer verläßt gerade das etwas ausgeschwenkte Backbord-Katapult.

Foto 11/1943

An interesting and unusual detail view of the New Jersey. *Her aft funnel cap is painted gray instead of black and there are rails around it. The SG radar antenna can clearly be seen. Platform-mounted searchlights are attached to the funnel. A Kingfisher reconnaissance plane is just being launched from her portside catapult.*

Achterliche Aufnahme der *New Jersey* im Puget Sound, kurz vor Kriegsende, hier bereits mit SK-2-Radar vorn und SP auf dem achteren Mast. 20-mm-Flak auf dem Vorschiff ist nunmehr installiert.

Foto 6/1945 Sammlung S. Breyer

Aerial view of the New Jersey *from astern within the Puget Sound area shortly before the end of the war. The SK-2 antenna is already mounted in forward position and a SP screen on the aft mast.*

New Jersey ebenfalls kurz vor Kriegsende, mit Tarnanstrich nach Muster 22. Über SK-2 sieht man eine SG-Antenne.
Sammlung Fr. Villi

USS New Jersey *shortly before the end of the war with camouflage painting according to Measure 22. A SG radar has been mounted above the SK-2 screen.*

Ein sehr schönes Foto der *New Jersey,* hier bereits im Grau der Nachkriegszeit, etwa zwischen 1946 und 1948. Ausrüstungsstand mit Waffen und Geräten ist noch gleich wie 1945, Schornsteinkappen sind jedoch schon schwarz. Katapulte und Flugzeuge sind noch an Bord.
Sammlung S. Breyer

USS New Jersey *in the post-war years between 1946 and 1948. This is a very interesting and grand photograph showing the ship in peacetime gray. There have been no changes made as to armament and equipment since 1945. The funnel cap is now painted black. The catapults and aircraft are still carried.*

Zwischenstadium: *New Jersey* während der Einmottungsarbeiten nach der ersten Außerdienststellung. 20-mm-Flak und vordere sowie die in Schiffsmitte auf Seitendeck befindliche 40-mm-Flak entfernt. Alle restlichen 40-mm-Flak sowie die 12,7-cm- und 40,6-cm-Türme sind bereits versiegelt, die Elektronik dagegen noch an Bord. Das Steuerbord-Katapult ist bereits entfernt, die Drehbasis ist noch sichtbar. Foto 6/1949

Mothballing the New Jersey *after her first decommisioning. The 20 mm AA guns and the midship-sited 40 mm AA guns have been removed (the stations are partly empty). All remaining 40 mm, the 12.7 cm, and the 40.6 cm turrets have already been sealed. All the electronics equipment, however, is still on board the ship. The starboad catapult has been removed, its ring mount still being visible.*

Als erstes der drei Schwesterschiffe wurde *New Jersey* anläßlich des Koreakrieges reaktiviert. Das Foto zeigt, daß keine 20-mm-Flak mehr an Bord kam, die ausgebauten 40-mm-Vierlinge dagegen wieder eingesetzt wurden. Immer noch die Elektronik von 1945 und die kleine Kenn-Nummer. An der Stelle, an der vormals Katapulte standen, sind jetzt Boote gelagert.

Foto 7/1951, Sammlung S. Breyer

USS New Jersey, *the first of the three sister ships to be reactivated for service off the Korean coast. The photograph shows the ship without her former 20 mm AA guns, but her 40 mm AA guns have been re-installed. She carries the same electronics equipment as in 1945. The small-sized pennant number has not been changed. The ship's boats occupy the place of the former catapult.*

New Jersey nach der zweiten Reaktivierung 1968. Große Kenn-Nummer, die allerdings bereits vor der vorletzten Konservierung angebracht war. Nachrichtenverbindungs-antenne auf der Back, an beiden Bordkanten verankert. Leere 40-mm-Geschützwannen, von denen manche später noch entfernt wurden. "High-line"-Mannschafts-Übersetzungsgerät auf Turm B, Achterdeck als Hubschrauberplattform klariert. Außer den 40,6-cm-Türmen wurde auch die gesamte 12,7-cm-Artillerie aktiviert.

USS New Jersey *after her second re-activation in 1968. Note the large-sized pennant number which had already been changed before her last decommissioning. A long-distance communications antenna anchored to either deck edge has been installed on the forecastle deck. The 40 mm AA gun positions some of which have later been removed are not occupied by guns. There is a high-line gear on top of B-turret. The fantail deck has been cleared for helicopter operations. The 40.6 cm battery, as well as the 12.7 cm guns have been re-activated.*

Mittelschiffsaufnahme der *New Jersey* während der zweiten aktiven Dienstperiode, hier während eines Besuches in Toulon, Südfrankreich. Der nunmehr gestützte achtere Mast führt das SPS-8A-Radargerät, der vordere SPS 6. Neuere Feuerleitradar auf Mk-37-Geräten, zusätzlich Mk-56-Leitgeräte für die 40-mm-Flak (vor dem achteren Schornstein, neben dem Turmmast und an einer der Stützen des achteren Mastes). Foto 10/1955, M. Bar

Midship section view of USS New Jersey *visiting Toulon in Southern France during her second period of active service. Her aft mast reinforced by a supporting structure carries the SPS 8A radar antenna. The SPS 6 antenna is installed on her fore mast. Likewise, a new fire control radar on the Mk 37 gear and additional Mk 56 control gear units have been mounted. The Mk 56s are placed in front of the aft funnel, beside the tower mast, and on the supporting structure of the aft mast.*

Detailansicht der vorderen Schornstein- und Brückenpartie der *New Jersey*. Schornstein mit dem Turmmast vereint. Fünf Decks vom Hauptdeck bis zum Niveau der Signalbrücke. Leere 40-mm- und 20-mm-Geschützstände. Gegenüber früher veränderte Mastausleger. An der achteren Seite des Mastes einige ECM-Antennen, an der vorderen von oben gesehen SPS-10- und SPS-6-Radar. Unter dem Mk-38-Entfernungsmesser veränderter Vormars. Zwei Brückendecks, eine Brücke ist für den Admiral.

Foto 1968, Sammlung S. Breyer

A detailed view of the New Jersey's *fore funnel/bridge section. The funnel is faired into the tower structure. Note that there are five deck levels, from the maindeck upwards to the signal bridge. All light AA gun stations have been ridded of their weapons. Abaft the mast some ECM antennas are installed; the uppermost screen is a SPS 10, followed by a SPS 6. Note the modified fore top below the Mk 38 range-finder. Two bridge deck levels are discernible, one of them being for the admiral.*

Eindrucksvolle Vorderansicht der *New Jersey* mit den beiden mächtigen Ankern. Zahlreiche an der Außenhaut angebrachte Ösen und Entwässerungsabflüsse. Vor und seitlich des Turmmasts drei Mk-37-Leitgeräte auf gleichem Niveau. Foto 3/1968

An impressive front view of the New Jersey. *Note the two huge anchors, the numerous loops, and the water outlets along the plating. In front of, and aside, the tower mast there are three Mk 37 fire control gear for the 12.7 cm battery placed on a one-deck level.*

New Jersey bei der Rückkehr von Seeversuchen, noch vor der dritten Indienststellung. Veränderter Vormars; ECCM-Antennen seitlich angehängt. Foto 3/1968

USS New Jersey *returning from sea trials prior to her third commissioning. Her fore top has again been modified. Some ECCM antennas are suspended on either side.*

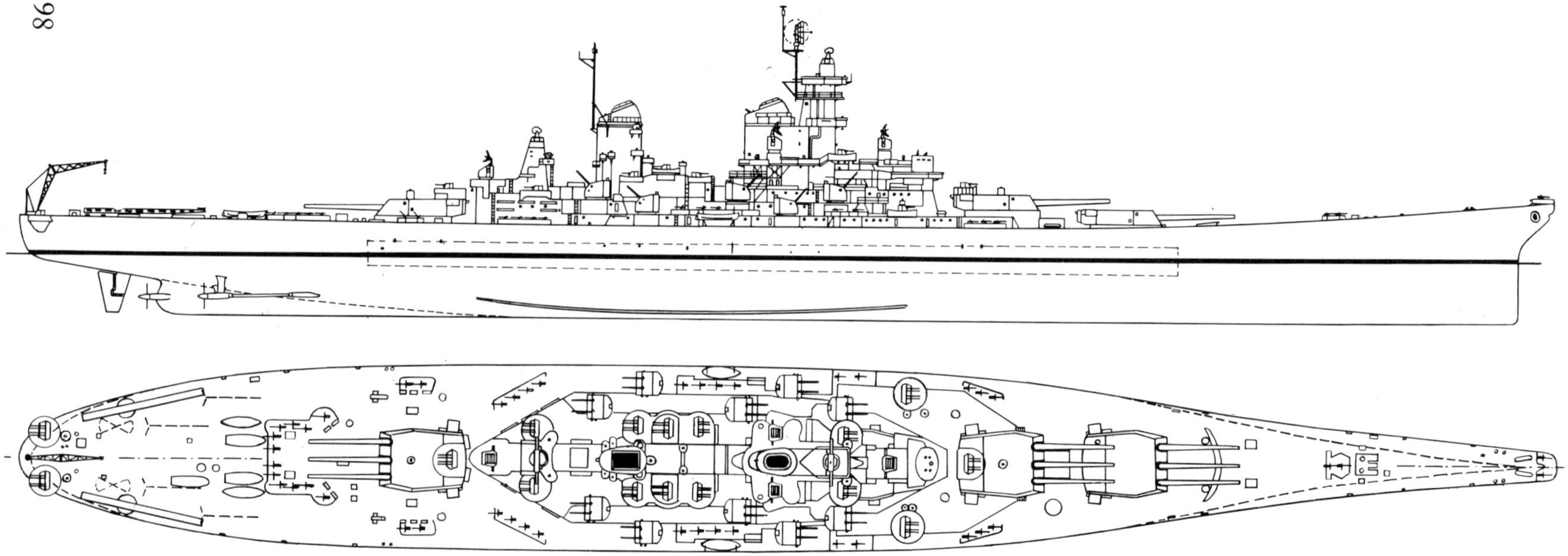

Missouri 1945.

USS Missouri *in 1945.*

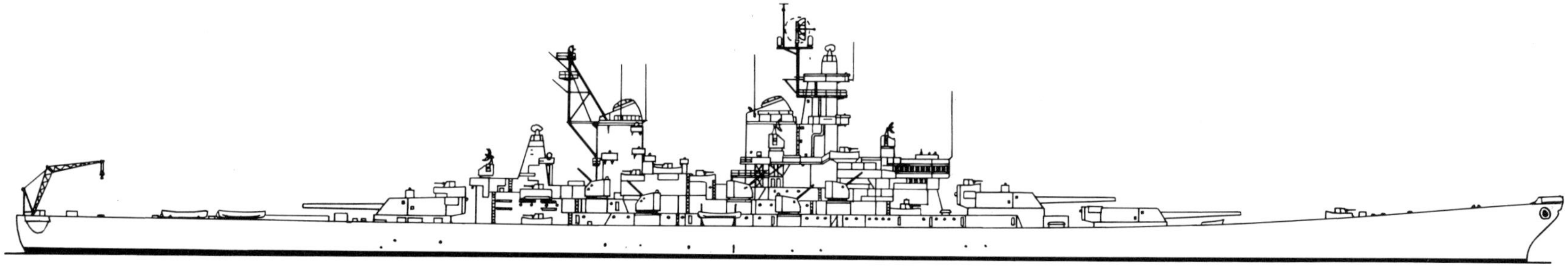

Missouri 1947 nach Entfernung der 20-mm-Flak und des Katapultes. SK-2-Radarantenne vorn, SP achtern. Schornsteinmast verändert.

USS Missouri *as of 1947 after the removal of her 20 mm AA guns and her catapult. The SK-2 radar antenna is carried in fore position whereas the SP aerial is in aft position. Her funnel mast has been modified.*

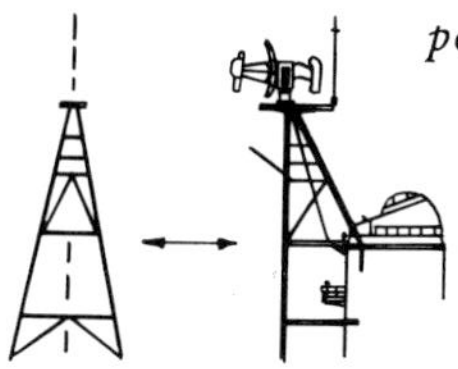

achterer Mast ab 1951 mit Unterstützung für SPS-8A-Radarantenne.

Her aft mast as of 1951 reinforced by additional supports to carry the SPS 8A antenna.

Missouri einen Monat nach der Indienststellung vor der Marinewerft New York, hier bereits nach Schema 32 getarnt. Das Schiff liegt noch sehr hoch im Wasser. SK-2-Radarantenne auf dem vorderen Mast. Der Flugzeugkran achtern ist flach auf das Achterdeck gelegt.
Foto 7/1944

USS Missouri *riding high at anchor off New York Naval Shipyard one month after her commissioning. She is already camouflage painted according to Measure 32. When commissioned she was already equipped with the SK-2 radar antenna to be seen on her foremast. Note the aircraft handling crane lowered in a resting position.*

Missouri nur einen Monat später: Tarnmuster an der Backbordseite entsprechen nicht denen an der Steuerbordseite. Schwarzqualmen durch Ausblasen der Kessel.
Foto 8/1944

USS Missouri *one month later. Note the different camouflage painting pattern on her port and starboard sides. The black smoke may be caused by the crew's cleaning the boilers.*

Dieses interessante Detailfoto der *Missouri* in Modellanfertigung gestattet Vergleiche mit dem weiter vorn abgebildeten ähnlichen Foto der Schornstein- und Brückenpartie der *New Jersey.* SK-2-Radarantenne auf dem Mast, Mk-38-Entfernungsmesser noch mit älterem Mk-8-Feuerleitradar, Mk-37-Geräte mit Mk-22/12-Feuerleitradar. Optische Zielsuchgeräte für die 40-mm-Flak. Steigleiter am Schornstein. 20- und 40-mm-Flakstände.

Modellfoto U.S.-Navy

A model of the Missouri. *This instructive photograph allows a comparison with the* New Jersey's *detailed view showing the latter's fore funnel/bridge section.* The Missouri *carries the SK-2 antenna on her mast. The Mk 38 range-finder is still linked with the older Mk 8 fire control radar whereas the Mk 37 control gear is equipped with a Mk 22/12 fire control radar. There are visual target finders for the 40 mm AA guns, the 20 mm and 40 mm AA gun stations, and a ladder attached to the funnel.*

Angetretene Besatzung der *Missouri* während der Ansprache des Kommandanten anläßlich des vierten Jahrestages der Unterzeichnung des Waffenstillstands mit Japan an Bord dieses Schiffes. Bemerkenswert die nach unten breiter werdende Zitadelle und der 40-mm-Geschützstand auf dem leicht geschwenkten Turm B, — seitlich davon je vier Rettungsflöße. Alle 40,6-cm-Türme hatten auch eigene lokale Entfernungsmeßgeräte. Foto 1949

USS Missouri *with all hands on deck celebrating the fourth anniversary of Japan's surrender signed aboard this ship. Note the wide base of her citadel and the 40 mm AA gun station atop B-turret. Four life rafts are attached to either side of the turret. Each of the 40.6 cm turrets is equipped with its own range-finder.*

Missouri, (noch vor dem Korea-Krieg) im Mittelmeer, zu jenem Zeitpunkt das einzige aktive U.S.-Schlachtschiff. Nunmehr Mk-13-Feuerleitradar auf dem Entfernungsmesser. Mk-56-Feuerleitgeräte dienen der Feuerleitung der 40-mm-Flak. Auf dem achteren Mast SP- und SG-Radarantennen, vorn eine Antenne, die nur kurze Zeit eingesetzt war und deren Bezeichnung bisher nicht bekanntgeworden ist. Nunmehr schwarz angestrichene Schornsteinkappen.

Foto 1950, M. Bar

USS Missouri *in the Mediterranean Sea prior to the Korean War. At that time she was the only US battleship on active duty. Note the Mk 13 fire control radar added to the range-finders and the Mk 56 fire control gear for the 40 mm AA guns. Her aft mast has received SP and SG radar antennas. Her fore mast was then equipped with an antenna still unknown to the public. Only a few prototypes of this antenna were installed, the one of the* Missouri *being soon removed. Note the funnel cap painted black.*

Missouri, eingemottet in Bremerton, inzwischen mit großer Kenn-Nummer. Das Schiff wurde im Gegensatz zu den drei Schwesterschiffen nur einmal und definitiv konserviert. Schornsteinkappen sind inzwischen wieder hell angestrichen. 40-mm-Flak ist mitkonserviert worden, wie man an den halbkugelförmigen Hauben feststellen kann. Die Radarelektronik wurde dagegen entfernt. Die Brückenfenster durch Blenden verschlossen.

USS Missouri *mothballed at Bremerton, Wash. Note the now large-sized pennant number and the funnel caps painted gray. The dome-shaped coverings of the 40 mm AA gun stations show that the guns have been mothballed, too. All of her electronics equipment, however, was removed beforehand. The bridge windows are closed by blinds. Of all the battleships of this class the "Missouri" was decommissioned a single time, only.*

◀
Einige Monate später: *Missouri* beim Küstenbeschuß vor der Korea-Küste, nur 39 Meilen von der chinesischen Grenze entfernt. 20-mm-Bug-Flageschütze sind immer noch vorhanden, ebenfalls die noch im Krieg angemalte kleine Kenn-Nummer. Auf dem Vormast nunmehr das SG-6-Gerät, das ebenfalls nur kurze Zeit eingesetzt war und auf keinem anderen Schlachtschiff jemals installiert wurde. Foto 10/1950

USS Missouri *some months later at Chong Jin, Korea, firing a 40.6 cm salvo at enemy inshore installations, only 39 miles from the border of China. Note the 20 mm AA bow guns of her World War II armament still in place. She still has her small-sized pennant number adapted during the same war. Her foremast temporarily received a SG 6 radar antenna which was never installed on another battleship.*

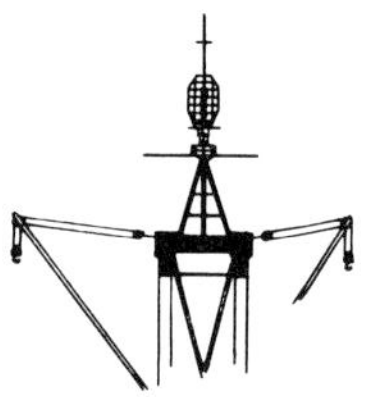

Ansicht von achtern auf den achteren Mast nebst Ladebäumen für die Schiffsboote.

Rear view of her aft mast with the hoists for handling the ship's boats.

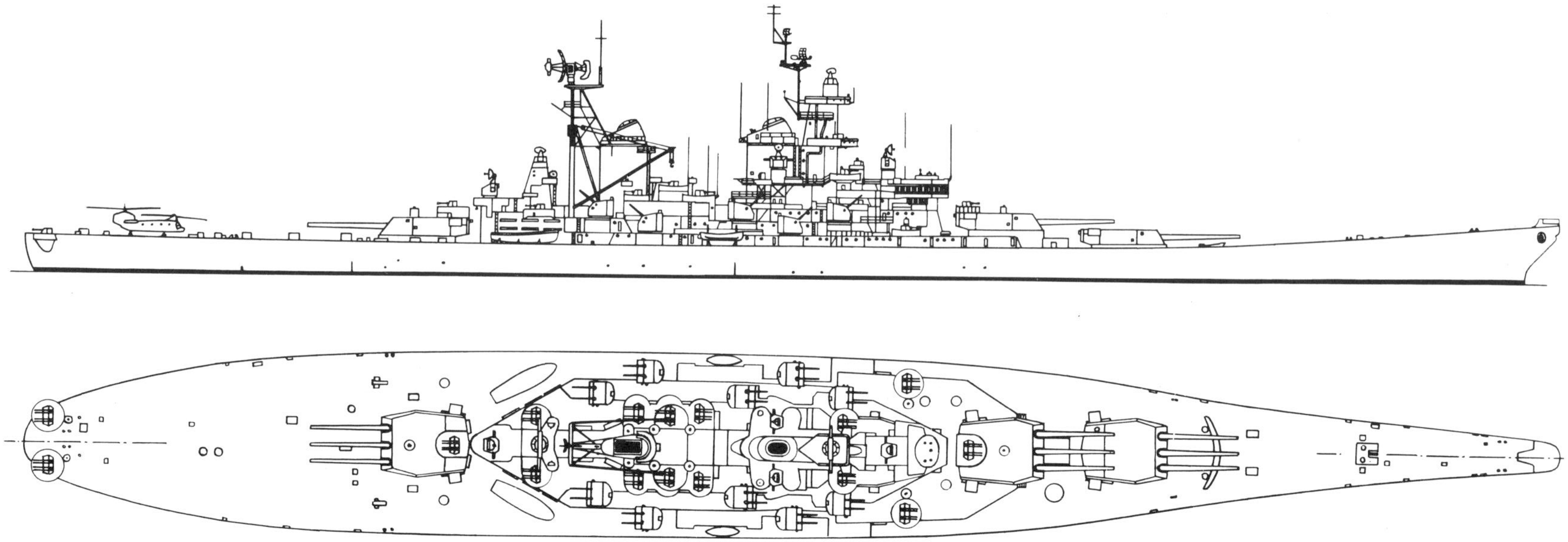

Wisconsin 1958, kurz vor der endgültigen Außerdienststellung. SPS-6-Radarantenne vorn, SPS 8A auf dem nunmehr unterstützten achteren Mast. 40-mm-Flak noch komplett vorhanden, Flugzeugkran jedoch ausgebaut. Boots-Ladebäume seitlich des achteren Schornsteins.

USS Wisconsin *in 1958. The plan shows the ship shortly before her final decommissioning. The SPS 6 radar antenna is in fore position, the SPS 8A radar on her additionally supported aft mast. All her 40 mm AA guns are still mounted. Her aircraft handling crane has already been removed. The handling hoists for her ship's boats are installed on either side abreast her aft funnel.*

Luftaufnahme der *Wisconsin* während einer Überholung im Trockendock AFDB 1, das zu kurz ist, um das Schlachtschiff in voller Länge aufzunehmen. Beachtenswert ist die sehr schlanke Vorschiffpartie. Die größte Breite des Schiffes liegt – bedingt durch die Anordnung der Antriebsanlage – recht weit achtern. Schwarze Schornsteinkappen.
Foto 4/1952

Aerial view of the Wisconsin *during an overhaul. She was drydocked in an AFDB 1 (Large Auxiliary Floating Drydock) which still appears too short for lifting the ship in her whole length. Note the slim forecastle of the* Wisconsin. *Due to the machinery arrangement the ship's greatest width seems to be too far aft. Her funnel caps are painted black.*

Wisconsin etwa bei Kriegsende: Zweifarbenanstrich, wobei der Name am Heckspiegel (an der Steigleiter) mit übermalt wurde. Abgestützte 40-mm-Geschützwannen achtern neben dem Flugzeugkran. SK-Radarantenne auf dem Vordermast, SC-2 und SG auf dem hier noch einfachen achteren Mast.

USS Wisconsin *in her two-colour paint toward the end of the war. The ship's name on the stern transom was painted over. Note the two 40 mm AA mounts on the sponsons on either side of the aircraft handling crane. The SK radar antenna is carried on her foremast, the SC-2 and SG antennas are installed on her aft pole mast.*

Eindrucksvolles Detailfoto auf die vorderen 40,6-cm-Geschütze mit Mündungskappen sowie auf den Turmmast der *Wisconsin.* Im Vordergrund ein Wellenbrecher vor dem Turm A. Auf der Spitze des Turmmastes, über dem Mk-38-Gerät, findet man nunmehr die SPS-6-Radarantenne.
Foto 3/1952

An impressive detailed photograph of USS Wisconsin's *forward section showing her forward 40.6 cm gun barrels with muzzle covers and her tower mast. There is a breakwater in front of her A-turret. The SPS 6 radar antenna has been installed abaft the Mk 38 range-finder on the mast top.*

Wisconsin nach Beendigung des Korea-Krieges, nunmehr der Atlantischen Flotte zugehörig. Große Bugnummer, neue Feuerleitradar für die Mk-37-Leitgeräte, SPS-6-Radar auf dem Vormast, SPS 8A auf dem nunmehr unterstützten achteren Mast. Foto 1/1955

USS Wisconsin *operating with the Atlantic Fleet after the end of the Korean War. Note the large-sized pennant number, the new fire control radar for the Mk 37 control gear, the SPS 6 antenna on her foremast, and the SPS 8A antenna on her aft mast. The latter has been strengthened by supports.*

Breitseitaufnahme der *Wisconsin* in voller Flaggen-Gala anläßlich des Geburtstags von George Washington. Beachtenswert ist die Form der Abstützung des achteren Mastes. Hubschrauber auf dem Achterdeck; 40-mm-Flak noch an Bord. Die hochstehende Sonne bewirkt ausladende Schattenwirkung durch das überragende Backdeck. Flugzeugkran ist bereits ausgebaut. Foto 1956

Broadside view of USS Wisconsin *in full dress in honour of George Washington's birthday. She is anchoring off the Cuban coast. Note the additional supporting structure for her aft mast, the helicopter on her quarterdeck, and the 40 mm AA guns still mounted. The shadow effect caused by the bright tropical sun shows her considerably overhanging forecastle deck. The aircraft handling crane has already been removed.*

Zehn Monate vor der Außerdienststellung: *Wisconsin* vor der Einfahrt von New York. Schiffsname befindet sich auf dem Heckspiegel, jedoch keine Steigleiter mehr.
Foto 5/1957, Sammlung S. Breyer

USS Wisconsin *passing the entrance to New York Harbour ten months before her decommissioning. The ship's name is again visible on the stern transom from where the ladder has been removed.*

Die Marinewerft in Philadelphia: *Wisconsin* wird abgerückt, damit *New Jersey* mit Schlepperhilfe vom bisherigen Liegeplatz an die Ausrüstungspier geschleppt werden kann. *Iowa* befindet sich ganz links im Bild. Vor der „Einmottung" wurden die 40-mm-Fla-Vierlinge von der *Wisconsin* entfernt, während sie, wie zu sehen ist, auf der *New Jersey* noch vorhanden sind. Im Hintergrund die ebenfalls stillgelegten Flugzeugträger *Antietam* (CVS 36) und *Cabot* (AVT 3). Foto 1967

Philadelphia Naval Shipyard: The Wisconsin *has left the fitting berth to make room for USS* New Jersey *towed by tugs. USS* Iowa *can be seen in the far left of this photograph. Prior to her mothballing all 40 mm AA guns were removed from the* Wisconsin *while the* New Jersey, *as seen on this photograph, is still carrying them. There are also two mothballed aircraft carriers in the background, the* Antietam *(CVS 36) and the* Cabot *(AVT 3).*

Montana-Klasse

Diese Klasse war ein bereits völlig durchgeplantes, jedoch nicht realisiertes Projekt von fünf Schlachtschiffen, die je 4 Drillingstürme mit Geschützen des Kalibers 40,6 cm erhalten sollten. Bemerkenswert der nochmals verbesserte Unterwasserschutz, die Verwendung einer neuen mittleren Kanone des Kalibers 12,7 cm, jedoch mit L/54. Mit 65 000 ts voll beladen wären die Schiffe der *Montana*-Klasse die größten Kriegsschiffe der Welt gewesen. Dies war gewiß eine Antwort auf die japanischen Anstrengungen beim Schlachtschiffbau. Auch die Japaner wollten fünf Schiffe ihrer *Yamato*-Klasse bauen, doch waren den Amerikanern die Eigenschaften dieser Klasse damals noch verborgen. Man hoffte, mit zwölf 40,6-cm-Geschützen und einer Geschwindigkeit von immerhin noch 28 kn zumindest gleich stark zu sein, wobei man sich unter anderem auch auf die größere Anzahl der vorhandenen eigenen BBs verließ, die letztlich auch gegen stärkere, aber in der Anzahl geringere japanische Schlachtschiffe würden antreten können. Abgesehen davon war die amerikanische Luftüberlegenheit durch das Vorhandensein zahlreicher großer und kleinerer Flugzeugträger bereits gesichert.

Als diese Luftüberlegenheit erkannt wurde, annulierte man bereits im Juli 1943 alle Bauaufträge. Der Flugzeugträger wurde der wichtigste Kriegsschiffstyp und anstelle dieser fünf BBs wurden nunmehr sechs schwere Flugzeugträger (CVB) der *Midway*-Klasse zum Bau freigegeben, von denen allerdings drei infolge des sich abzeichnenden Kriegsendes nicht mehr gebaut wurden.

BB 65—71 Montana-Klasse

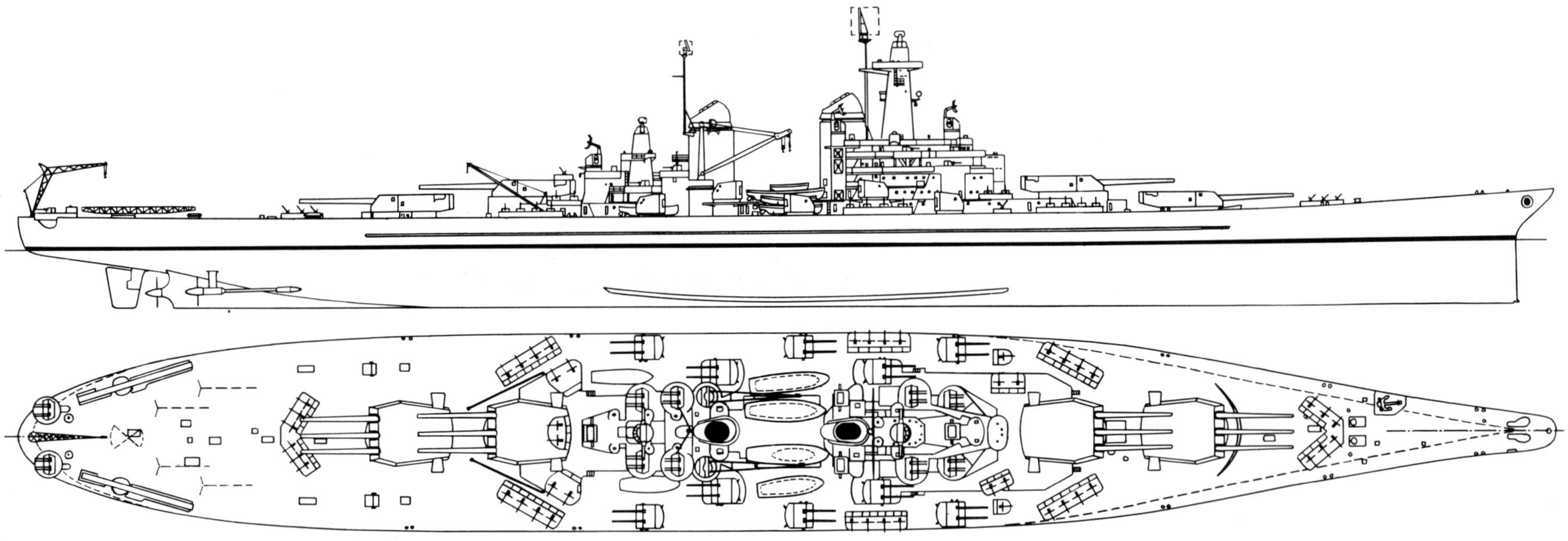

Montana-Klasse, geplantes Aussehen der nicht mehr gebauten fünf Schiffe nach Fertigstellung, entsprechend Entwurf 1942/43. Nunmehr vier 40,6-cm-Drillingstürme. Verteilung der 20-mm-Flak und der Art der Radaranlagen wahrscheinlich nur hypothetisch. Die vorgesehenen Türme für die neue 12,7-cm-L/54-Kanonen sind kaum von den älteren Türmen zu unterscheiden.

Montana *class battleships the construction of which was cancelled. The plan shows their presumable outward view with four 40.6 cm triple-turrets according to the final design of 1942/43. The arrangement of the 20 mm AA guns and the type of radar equipment shown is probably hypothetical only. The turrets planned to house the new 12.7 cm L/54 AA guns show no recognizable differences as compared to former turrets.*

Das Navy-Grundmodell der *Montana*-Klasse; nur sehr grob, ohne viel Einzelheiten. Skurrile Gebilde als Radarantennen. Vier 40,6-cm-Geschütztürme, aber merkwürdigerweise nur ein Katapult auf der Steuerbordseite dargestellt. Im Bereich des Mittelschiffs große Ähnlichkeit mit der *Iowa*-Klasse. Sammlung S. Breyer

A battleship model of the Montana *class showing its general appearance only. Note the unique and rather strange shape of the radar antenna, the four 40.6 cm gun turrets, and the single catapult on starboard. The midship section resembles that of the* Iowa *class.*

Die Zeichnung der *Montana*-Klasse zeigt dagegen den geplanten Zustand, wenn die Schiffe noch vor Kriegsschluß fertiggestellt worden wären. Hierbei lehnte sich der Zeichner stark an das Vorbild der *Iowa*-Klasse an.

An artist's view of the Montana *class battleships showing their more likely appearance if completed before the end of the war. Particulars shown are possibly based on the final design drawing though some details may be identified as copies of the* Iowa *class battleships.*

Tabellenteil

Baudaten, Panzerung und Antriebsanlage / *Construction data, armour, and propulsion*

Kenn-Nr. / *pen. no.*	Schiffsname *name of the ship*	Etat / *F. Y.*	Kiellegung *laid down*	Stapellauf *launched*	in Dienst *commissioned*	außer Dienst *decommissioned*	gestrichen *stricken*	Bauwerft *build. yard*	Verbleib *fate*
32	Wyoming	09	9. 2. 10	25. 5. 11	25. 9. 12	als *as* BB: 1. 1. 31 als *as* AG: 1. 8. 47	16. 9. 47	Cramp. Philad.	Schrott / *scraped*
33	Arkansas	09	25. 1. 10	14. 1. 11	17. 9. 12		25. 7. 46	N. Y. S. B. Camden	Atombombenversuchsobjekt, gesunken / *sunk as target for nuclear tests*
34	New York	10	11. 9. 11	30. 10. 12	15. 4. 14	29. 8. 46	8. 7. 48	N.Y.N. Shipyard	Atombombenversuchsobjekt, gesunken / *sunk as target for nuclear tests*
35	Texas	10	17. 4. 11	18. 5. 12	12. 3. 14	21. 4. 48		Newport News S. B. & D. D.	Denkmalschiff in Houston, Texas *now relic at Houston, Texas*
36	Nevada	11	4. 11. 12	11. 7. 14	11. 3. 16	29. 8. 46	31. 7. 48	Fore River, Quincy	Atombombenversuchsobjekt, gesunken / *sunk as target for nuclear tests*
37	Oklahoma	11	26. 10. 12	23. 3. 14	2. 5. 16	7. 12. 41	17. 5. 47	N. Y. S. B. Camden	Hulk während Schleppaktion gesunken / *hulk sunk during towing operation*
38	Pennsylvania	12	27. 10. 13	16. 3. 15	12. 6. 16	29. 8. 46	10. 2. 48	Newport News S. B. & D. D.	Atombombenversuchsobjekt, gesunken / *sunk as target for nuclear tests*
39	Arizona	13	16. 3. 14	19. 6. 15	17. 10. 16		7. 12. 41	New York Nav. Sh.	in Pearl Harbor gesunken; nationale Gedenkstätte / *sunk at Pearl Harbor; now relic*

BB	Klasse *class*	Panzerung in mm *armor in mm* horizontal *horizontal*	vertikal *vertical*	Artillerie *gun turrets*	Kom.-Turm *con. tower*	Antriebsleistung *engine output* PS / *S.H.P.*	Geschwindigkeit kn *speed kn*	Brennstoff ts *fuel ts*	Fahrstrecke in sm *radius of action, s.m.* bei Geschw. von kn *at a speed of kn*
32—33	Wyoming	76	38—279	279—305	229—305	28 000	20,5	5 100	8 000/11
34—35	New York	95	38—305	229—305	152—305	28 100	21	5 200	9 000/11
36—37	Nevada	51—76	57—343	127—406	343—406	N = 26 500 O = 24 800	20,5 20	5 300	10 000/11
38—39	Pennsylvania	51—102	57—356	127—457	356—406	P = 31 500 A = 33 500	21 21	5 000	8 000/12

Baudaten, Panzerung und Antriebsanlage / *Construction data, armour, and propulsion*

Kenn-Nr. / *pen. no.*	Schiffsname *name of the ship*	Etat / *F. Y.*	Kiellegung *laid down*	Stapellauf *launched*	in Dienst *commissioned*	außer Dienst *decommissioned*	gestrichen *stricken*	Bauwerft *build. yard*	Verbleib *fate*
40	New Mexico	14	14. 10. 15	23. 4. 17	20. 5. 18	19. 7. 46	25. 2. 47	New York Nav. Sh.	Schrott / *scraped*
41	Mississippi	14	5. 4. 15	25. 1. 17	18. 12. 17	als / as AG: 17. 9. 56	12. 56	Newport News S. B. 5 D. D.	Schrott / *scraped*
42	Idaho	14	20. 1. 15	30. 6. 17	24. 3. 19	3. 7. 46	6. 9. 47	New York S. B., Camden	Schrott / *scraped*
43	Tennessee	15	14. 5. 17	30. 4. 19	3. 6. 20	14. 2. 47	1. 3. 59	New York Nav. Sh.	Schrott / *scraped*
44	California	15	25. 10. 16	20. 11. 19	10. 8. 21	7. 8. 46	1. 3. 59	Mare Island Nav. Sh.	Schrott / *scraped*
45	Colorado	16	29. 5. 19	22. 3. 21	30. 8. 23	7. 1. 47	1. 3. 59	New York S. B., Camden	Schrott / *scraped*
46	Maryland	16	24. 4. 17	20. 3. 20	21. 7. 21	3. 4. 47	1. 3. 59	Newport News S. B. & D. D.	Schrott / *scraped*
48	West Virginia	16	12. 4. 20	19. 11. 21	1. 12. 23	9. 1. 47	1. 3. 59	Newport News S. B. & D. D.	Schrott / *scraped*
55	North Carolina	37	27. 10. 37	13. 6. 40	9. 4. 41	27. 6. 47	1. 6. 60	New York Nav. Sh.	Denkmalsschiff in Wilmington *now relic at Wilmington*
56	Washington	37	14. 6. 38	1. 6. 40	15. 5. 41	27. 6. 47	1. 6. 60	Philadelphia Nav. Sh.	Schrott / *scraped*
57	South Dakota	38	5. 7. 39	7. 6. 41	20. 3. 42	31. 1. 47	1. 6. 62	New York S. B., Camden	Schrott / *scraped*
58	Indiana	38	20. 11. 39	21. 11. 41	30. 4. 42	11. 9. 46	1. 6. 62	Newport News S. B. & D. D.	Schrott / *scraped*
59	Massachusetts	38	20. 7. 39	23. 9. 41	12. 5. 42	27. 3. 47	1. 6. 62	Bethlehem, Quincy	Denkmalsschiff in Fall River *now relic at Fall River*

BB	Klasse *class*	Panzerung in mm *armor in mm* horizontal *horizontal*	vertikal *vertical*	Artillerie *gun turrets*	Kom.-Turm *con. tower*	Antriebsleistung *engine output* PS / *S.H.P.*	Geschwindigkeit kn *speed kn*	Brennstoff ts *fuel ts*	Fahrstrecke in sm *radius of action, s.m.* bei Geschw. von kn *at a speed of kn*
40—42	New Mexico	51—127	57—356	127—457	356—406	40 000	21,5	5 500	9 000/12
43—44	Tennessee	127	57—356	127—457	356—406	30 000	T = 21 C = 20,5	T = 4 900 C = 5 500	T = 9 000/12 C = 10 000/12
45—48	Colorado	102	57—406	127—457	203—406	34 000	21	4 500 WV = 5 500	WV = 10 000/12 8 000/12
55—56	North Carolina	117	25—305	178—406 19— 25	178—373	121 000	28	6 590	12 000/12
57—60	South Dakota II	127	25—305	184—457 19— 25	203—406	130 000	28	A = 6 975, I = 7 340 SD, M = 6 950	A, I = 14 000/12 SD, M = 12 000/12

Baudaten, Panzerung und Antriebsanlage / *Construction data, armour, and propulsion*

Kenn-Nr. / *pen. no.*	Schiffsname *name of the ship*	Etat / *F. Y.*	Kiellegung *laid down*	Stapellauf *launched*	in Dienst *commissioned*	außer Dienst *decommissioned*	gestrichen *stricken*	Bauwerft *build. yard*	Verbleib *fate*
60	Alabama	38	1. 2. 40	16. 2. 42	16. 8. 42	9. 1. 47	1. 6. 62	Norfolk Nav. Sh.	Denkmalsschiff in Mobile, Al. *now relic at Mobile, Al.*
61	Iowa	40	27. 6. 40	27. 8. 42	22. 2. 43 24. 8. 51	24. 3. 49 24. 2. 58		New York Nav. Sh.	1976 in Reserve *1976 in reserve*
62	New Jersey	40	16. 9. 40	7. 12. 42	23. 5. 43 21. 11. 50 8. 4. 68	30. 6. 48 21. 8. 57 17. 12. 69		Philadelphia Nav. Sh.	1976 in Reserve *1976 in reserve*
63	Missouri	40	6. 1. 41	29. 1. 44	11. 6. 44	26. 2. 55		New York Nav. Sh.	1976 in Reserve *1976 in reserve*
64	Wisconsin	40	25. 1. 41	7. 12. 43	16. 4. 44 3. 3. 51	1. 7. 48 8. 3. 58		Philadelphia Nav. Sh.	1976 in Reserve *1976 in reserve*
65	Illinois	40	15. 1. 45	12. 8. 45 Bau suspendiert / *12. 8. 45 construction canc.*				Philadelphia Nav. Sh.	abgebrochen *broken up*
66	Kentucky	40	6. 12. 44	20. 1. 50 Bau suspendiert / *20. 1. 50 construction canc.*				Norfolk Nav. Sh.	abgebrochen *broken up*
67	Montana	40	21. 7. 43 Bau suspendiert / *21. 7. 43 construction canc.*					Philadelphia Nav. Sh.	
68	Ohio	40	21. 7. 43 Bau suspendiert / *21. 7. 43 construction canc.*					Philadelphia Nav. Sh.	
69	Maine	40	21. 7. 43 Bau suspendiert / *21. 7. 43 construction canc.*					New York Nav. Sh.	
70	New Hampshire	40	21. 7. 43 Bau suspendiert / *21. 7. 43 construction canc.*					New York Nav. Sh.	
71	Louisiana	40	21. 7. 43 Bau suspendiert / *21. 7. 43 construction canc.*					Norfolk Nav. Sh.	

BB	Klasse *class*	Panzerung in mm *armor in mm* horizontal *horizontal*	vertikal *vertical*	Artillerie *gun turrets*	Kom.-Turm *con. tower*	Antriebsleistung *engine output* PS / *S.H.P.*	Geschwindigkeit kn *speed kn*	Brennstoff ts *fuel ts*	Fahrstrecke in sm *radius of action, s.m.* bei Geschw. von kn *at a speed of kn*
61–66	Iowa	142	310	184—496 19— 25	280—445	212 000	33	7 250 I = 7 100	15 000/12
67–71	Montana	154	457	197—534	197—457	172 000	28		

Techn. Angaben und Bewaffnung / *Technical data and armament*

Kenn-Nr. *pen. no.*	Schiffsname *name of the ship*	Wasserverdrängung *displacement* Standard *standard* ts	voll bel. *full load* ts	Höhe / *height* Bug / *bow* Heck / *stern* Schornst. *stack* m	Mast *mast* m	Länge *length* m	Breite *beam* m	Tiefgang *draught* m	Besatzung / *complement* Frieden *peace*	Krieg *war*
32	Wyoming 1945:	19.700	.			170,3	28,4	8,7	als/*as* BB: 1 063	als/*as* AG: 400
33	Arkansas	26.100	31.000	8,2 22,0	6,1 31,4	170,3	32,2	9,7	1 330	1 650
34	New York	27.000	32.000	7,6 22,0	5,5 41,2	174,7	32,4	9,6	1 340	1 530
35	Texas	27.000	32.000	7,6 22,0	5,5 41,2	174,7	32,4	9,6	1 340	1 530
36	Nevada	29.000	34.000	8,4 29,3 1943 nach Umbau / *1943 after conversion*	4,9 36,9	177,8	32,9	9,9	1 301	
37	Oklahoma	29.000	28.900			177,8	29,0	8,7	864	1 025
38	Pennsylvania	33.100	36.500	7,9 23,2	4,6 38,7	185,3	32,4	10,2	1 358	2 290
39	Arizona	32.600	36.500	7,9 23,2	4,6 38,7	185,3	29,6	8,8	1 358	2 290

Jahr *year*	Bewaffnung / *armament* schwere Geschütze *heavy battery*	Mittelartillerie *secondary battery*	Flak *A.A. guns*	Katap. *catap.*	Flugz. *aircr.*	Bemerkungen *notes*
1932	6—30,5-cm-L/50$_2$	16—12,6-cm-L/51$_1$	8— 7,6-cm-L/25$_1$	—	—	ab 5/31 Art.-Schulschiff = AG 17 *since 5/31 gunnery training ship = AG 17*
1944	—	—	10—12,7-cm-L/38 4— 7,6 cm 11—40 mm	—	—	1944 Fla-Schulschiff, Bewaffnung wechselnd *since 1944 A.A. training ship; armament changed occasionally*
1934	12—30,5-cm-L/50$_2$	16—12,7-cm-L/51$_1$	8— 7,6-cm-L/50$_1$	1	3	12,7-cm-teils in Kasematten *12,7-cm-partly in casemates*
1942	12—30,5-cm-L/50$_2$	6—12,7-cm-L/51$_1$	10— 7,6 cm 32/36—40 mm 26/20 mm	1	3	
1937	10—35,6-cm-L/45$_2$	16—12,7-cm-L/51$_1$	8— 7,6-cm-L/50$_1$ 8— 2,8 cm	1	3	12,7 cm in Kasematten *12,7 cm partly in casemates*
1942	10—35,6-cm-L/45$_2$	6—12,7-cm-L/51$_1$	10— 7,6-cm-L/50$_1$ 24 40—40 mm 36 30—20 mm	1	3	20-mm-Flak reduziert *20-mm-A.A. guns reduced*
1937	10—35,6-cm-L/45$_2$	16—12,7-cm-L/51$_1$	8— 7,6-cm-L/50$_1$ 8— 2,8 cm	1	3	12,7 cm in Kasematten / *12,7 cm in casemates*
1942	10—35,6-cm-L/45$_2$	6—12,7-cm-L/51$_1$	10— 7,6-cm-L/50$_1$ 24/40—40 mm 42/36—20 mm	1	3	20-mm-Flak reduziert *20-mm-AA. guns reduced*
1935	10—35,6-cm-L/45$_{2+3}$	12—12,7-cm-L/51$_1$	8—12,7-cm-L/25$_1$	2	3	12,7-cm-L/51 in Kasematten *12,7-cm-L/51 in casemates*
1942	10—35,6-cm-L/45$_{2+3}$	—	16—12,7-cm-L/38$_2$ 36—40 mm bis maximum 38—20 mm	1	3	
1935	10—35,6-cm-L/45$_{2+3}$	12—12,7-cm-L/51$_1$	8—12,7-cm-L/25$_1$	2	3	12,7-cm-L/51 in Kasematten *12,7-cm-L/51 in casemates* Bei Kriegsbeginn gesunken / *sunk at Pearl Harbor*
1940	12—35,6-cm-L/45$_3$	12—12,7-cm-L/51$_1$	12—12,7-cm-L/25$_1$ 8— 2,8 cm	2	3	12,7-cm-L/51 in Kasematten *12,7-cm-L/51 in casemates*
1943	12—35,6-cm-L/45$_3$		16—12,7-cm-L/38$_2$ 40/45—40 mm bis zu maxim. 50—20 mm	1	3	
1940	12—35,6-cm-L/45$_3$	12—12,7-cm-L/51$_1$	12—12,7-cm-L/25$_1$	2	3	12,7-cm-L/51 in Kasematten *12,7-cm-L/51 in casemates*

Techn. Angaben und Bewaffnung / *Technical data and armament*

Kenn-Nr. *pen. no.*	Schiffsname *name of the ship*	Wasserverdrängung *displacement* Standard *standard* ts	voll bel. *full load* ts	Höhe / *height* Bug / *bow* Heck / *stern* Schornst. *stack* m	Mast *mast* m	Länge *length* m	Breite *beam* m	Tiefgang *draught* m	Besatzung / *complement* Frieden *peace*	Krieg *war*
40	New Mexico	33.400	36.000	7,3	4,6	190,2	32,4	10,4	1 323	1 930
				25,3	36,0					
41	Mississippi	33.000	35.100	7,3	4,6	190,7	32,4	10,4	1 323	1 930
				25,3	36,0					
42	Idaho	33.400	36.000	7,3	4,6	190,2	32,4	10,4	1 323	1 930
				25,3	36,0					
43	Tennessee	32.300	35.190	8,2	5,2	190,4	29,7	9,2	1 480	2 375
				28,4	37,5		(34,8)			
						(nach Umbau / *after conversion*)				
44	California	32.600	35.190	8,2	5,2	190,4	29,7	9,2	1 480	2 375
				28,4	37,5		(34,8)			
						(nach Umbau / *after conversion*)				
45	Colorado	35.000	40.396	7,2	4,6	190,4	32,9	10,7	1 407	1 968
				21,7	38,7					
46	Maryland	34.000	39.100	7,2	4,6	190,2	32,9	10,7	1 407	1 968
				21,7	38,7					
48	West Virginia	37.800	40.354	8,2	5,2	190,2	34,8	10,8	1 486	2 182
				28,4	37,5					
				1944 nach Umbau / *1944 after conversion*						

Jahr *year*	Bewaffnung / *armament* schwere Geschütze *heavy battery*	Mittelartilerie *secondary battery*	Flak *A.A. guns*	Katap. *catap.*	Flugz. *aircr.*	Bemerkungen *notes*
1940	12—35,6-cm-L/50_3	12—12,7-cm-L/51_1	8—12,7-cm-L/25_1 12— 2,8 cm	2	3	10—12,7-cm-L/51 in Kasematten *10—12,7-cm-L/51 in casemates*
1943	12—35,6-cm-L/50_3		8—12,7-cm-L/25_1 40—40 mm 34—20 mm	1	3	
1940	12—35,6-cm-L/50_3	12—12,7-cm-L/51_1	8—12,7-cm-L/25_1 12— 2,8 cm	2	3	10—12,7-cm-L/51 in Kasematten *10—12,7-cm-L/51 in casemates*
1945	12—35,6-cm-L/50_3		14—12,7-cm-L/25_1 56—40 mm 9—20 mm	1	3	
1940	12—35,6-cm-L/50_3	12—12,7-cm-L/51_1	8—12,7-cm-L/25_1 12— 2,8 cm	2	3	10—12,7-cm-L/51 in Kasematten *10—12,7-cm-L/51 in casemates*
1945	12—35,6-cm-L/50_3		10—12,7-cm-L/38_1 40—40 mm 29—20 mm	1	3	
1936	12—35,6-cm-L/50_3	12—12,7-cm-L/51_1	8—12,7-cm-L/25_1 11— 2,8 cm	2	3	10—12,7-cm-L/51 in Kasematten *10—12,7-cm-L/51 in casemates*
1945	12—35,6-cm-L/50_3		16—12,7-cm-L/38_2 40—40 mm 41—20 mm	1	3	
1936	12—35,6-cm-L/50_3	12—12,7-cm-L/51_1	8—12,7-cm-L/25_1 11—2,8 cm	2	3	10—12,7-cm-L/51 in Kasematten *10—12,7-cm-L/51 in casemates*
1945	12—35,6-cm-L/50_3		16—12,7-cm-L/38_2 56—40 mm 31—20 mm	1	3	
1938	8—40,6-cm-L/45_2	12—12,7-cm-L/51_1	8—12,7-cm-L/25_1 11— 2,8 cm	2	3	12,7-cm-L/51 in Kasematten *12,7-cm-L/51 in casemates*
1945	8—40,6-cm-L/45_2	8—12,7-cm-L/51_1	8—12,7-cm-L/38_1 40—40 mm 33—20 mm	1	3	
1938	8—40,6-cm-L/45_2	12—12,7-cm-L/51_1	8—12,7-cm-L/25_1 11— 2,8 cm	2	3	12,7-cm-L/51 in Kasematten *12,7-cm-L/51 in casemates*
1945	8—40,6-cm-L/45_2		16—12,7-cm-L/38_2 40—40 mm 18—20 mm	1	3	vor 1945 37—20 mm *prior to 1945 37—20 mm*
1938	8—40,6-cm-L/45_2	12—12,7-cm-L/51_1	8—12,7-cm-L/25_1 11— 2,8 cm	2	3	12,7-cm-L/51 in Kasematten *12,7-cm-L/51 in casemates*
1944	8—40,6-cm-L/45_2		16—12,7-cm-L/38_2 40—40 mm 50—20 mm	1	3	

Techn. Angaben und Bewaffnung / *Technical data and armament*

Kenn-Nr. *pen. no.*	Schiffsname *name of the ship*	Wasserverdrängung *displacement* Standard *standard* ts	voll bel. *full load* ts	Höhe / *height* Bug / *bow* Heck / *stern* Schornst. *stack* m	Mast *mast* m	Länge *length* m	Breite *beam* m	Tiefgang *draught* m	Besatzung / *complement* Frieden *peace*	Krieg *war*
55	North Carolina	38.000	46.770	9,5 26,8	6,1 37,2	222,1	32,9	10,7	1 880	2 339
56	Washington	38.000	45.370	9,5 26,8	6,1 37,2	222,2	33,0	10,7	1 880	2 339
57	South Dakota	38.000	44.374	8,8 24,7	6,7 40,6	207,5	32,9	11,0	1 793	2 354
58	Indiana	38.000	44.374	8,8 24,7	6,7 40,6	207,5	32,9	11,0	1 793	2 354
59	Massachusetts	38.000	45.216	8,8 24,7	6,7 40,6	207,3	32,9	11,0	1 793	2 354
60	Alabama	38.000	44.374	8,8 24,7	6,7 40,6	207,5	32,9	11,0	1 793	2 354
61	Iowa	48.500	57.450	11,0 29,9	6,7 40,9	270,5	33,0	11,0	1 921	2 978
62	New Jersey	48.500	57.450 (1968: 54.000)	11,0 29,9	6,7 40,9	270,6	33,0	11,0	1 921	2 978 1968: 1 556
63	Missouri	48.500	57.216	11,0 29,9	6,7 40,9	270,5	33,0	11,0	1 921	2 978
64	Wisconsin	48.500	57.216	11,0 29,9	6,7 40,9	270,6	33,0	11,0	1 921	2 978
67—71	Montana (Klasse/*class*)	60.500	70.500			280,9	36,9	11,0		3 000

	Bewaffnung / *armament*					
Jahr *year*	schwere Geschütze *heavy battery*	Mittelartillerie *secondary battery*	Flak *A.A. guns*	Katap. *catap.*	Flugz. *aircr.*	Bemerkungen *notes*
1943	9—40,6-cm-L/45_3		20—12,7-cm-L/38_2 bis zu } 96—40 mm maxim. } 54—20 mm	2	3	
1943	9—40,6-cm-L/45_3		20—12,7-cm-L/38_2 bis zu } 60—40 mm maxim. } 54—20 mm	2	3	
1943	9—40,6-cm-L/45_3		16—12,7-cm-L/38_2 bis zu } 60—40 mm maxim. } 54—20 mm	2	3	
1943	9—40,6-cm-L/45_3		20—12,7-cm-L/38_2 32—40 mm 40—20 mm	2	3	
1943	9—40,6-cm-L/45_3		20—12,7-cm-L/38_2 64—40 mm 30—20 mm	2	3	
1943	9—40,6-cm-L/45_3		20—12,7-cm-L/38_2 48—40 mm 42—20 mm	2	3	
1944	9—40,6-cm-L/50_3		20—12,7-cm-L/38_2 60—40 mm 60—20 mm	2	4	zuletzt nur 56—40 mm / *ending with 56—40 mm only*
1944	9—40,6-cm-L/50_3		20—12,7-cm-L/38_2 62—40 mm 60—20 mm	2	4	zuletzt nur 56—40 mm / *ending with 56—40 mm only*
1968	9—40,6-cm-L/50_3		20—12,7-cm-L/38_2	—	2 Hel.	
1944	9—40,6-cm-L/50_3		20—12,7-cm-L/38_2 80—40 mm 49—20 mm	2	4	zuletzt nur 56—40 mm / *ending with 56—40 mm only*
1944	9—40,6-cm-L/50_3		20—12,7-cm-L/38_2 80—40 mm 49—20 mm	2	4	zuletzt nur 56—40 mm / *ending with 56—40 mm only*
	12—40,6-cm-L/50_3		20—12,7-cm-L/54_2 40—40 mm 48—20 mm		4	

Auf U.S.-Schlachtschiffen eingesetzte Geschütze / *Guns installed on U.S. battleships*

Kaliber *caliber* cm	inch	Rohrlänge in Kalibern *barrel length in calibers*	Bezeichnung *designation*	Konstr.-Jahr *year of construction*	Schußweite in km bei max. Rohrerhöhung von . . . / ° *range at maximal elevation (km) / °*	Schuß/Minute *rounds/min.*	Turmgewicht *weight of turret* ts	eingesetzt auf *used in*
		Schwere Artillerie / *heavy guns*						
40,6	16	L/45	Mark 1	1910	31,0/30°	1,5	1.245	Colorado-Kl./*class;* außerdem/ *besides:* Mark 5 und Mark 8 Türme/*turrets*
40,6	16	L/45	Mark 6	1936	37,1/45°	2	1.437	North-Carolina- und/*and* South-Dakota-Klasse/*class*
40,6	16	L/50	Mark 7	1936	38,7/45°	2	1.708	Iowa-Klasse/*class*
35,6	14	L/45	Mark 2	1911	30,0/30°	1,5	864*	* Doppelturm/*twin-turret* New-York-, Oklahoma- und/*and* Pennsylvania-Klasse/*class*
35,6	14	L/50	Mark 4	1915	32,5/30°	1,5	1.127	New-Mexico- und/*and* Tennessee-Klasse/*class*
30,5	12	L/50	Mark 7	1910	21,5/15°	.	607	Wyoming-Klasse/*class*
		Mittelartillerie / *medium guns*						
12,7	5	L/51	Mark 15	1907	17,2/45°	7	in Kasematten *in casemates*	Wyoming- bis/*through* Maryland-Kl./*class*
		Flakartillerie / *A. A. guns*						
12,7	5	L/25	Mark 13	1923	13,2/85°	6	offene Lafette *open mount*	Nevada- bis/*through* Maryland-Klasse/*class*
12,7	5	L/38	Mark 12	1935	16,1/80°	10	30 = Doppelturm/*twin mount* 18 = Einzelturm/*single mount*	Arkansas, Nevada, Pennsylvania, West-Virginia, Tennessee-Klasse/*class*
7,6	3	L/50	Mark 10	1917	16,3/.	10	offene Lafette *open mount*	BB 32-48
4,0	1.57	L/60		1942	10.1/85°	150	in Vierlingslafetten *in quadruple mounts*	auf allen Schiffen während des Zweiten Weltkriegs/*used on all ships during WW II*
2,0	0.8				5,0/87°	450	Einzelgeschütz *single mount*	auf allen Schiffen während des Zweiten Weltkriegs/*used on all ships during WW II*

Schiffsnamenregister/*Ship names index*

Schiffsnamen in normalem Druck weisen auf die Bilderseiten der einzelnen Schiffe hin, Schiffsnamen in kursiv auf die Schiffsklassen-Texte.

Ship names in standard print refer to the photographs of each ship. Ship names in italics refer to the class descriptions.

Literaturverzeichnis

Bücher und Einzelveröffentlichungen

Breyer, S.: Schlachtschiffe und Schlachtkreuzer 1905–1970, J. F. Lehmanns Verlag, München, 1970
Coker, P. C.: Building Warship Models, Charleston, 1974
Ellis, C.: Warship Camouflage 1939–1945, Pique Publications, Kristall Productions Ltd., Henley-on-Thames, 1975
Giorgerini, G.: Le navi da battaglia della seconda guerra mondiale, Ermanno Albertelli Editore, Parma, 1972
Jentschura/Jung/Mickel: Die japanischen Kriegsschiffe, J. F. Lehmanns Verlag, München, 1970
Leifer, N.: Dreadnought returns, Baum Printing House, Inc. Philadelphia, Penns., 1969
Lenton, H. T.: American Battleships, Carriers, and Cruisers, Macdonald & Co Ltd., London, 1968
Naval History Division (Department of the Navy): The Battleship in the United States Navy, Washington, D. C., 1970
Pemsel, H.: Von Salamis bis Okinawa, J. F. Lehmanns Verlag, München, 1975
Rohwer/Hümmelchen: Chronik des Seekrieges 1939–1945, Gerhard Stalling Verlag, Oldenburg und Hamburg, 1968
Ruge, Fr.: Entscheidung im Pazifik, Dulk-Verlag, Hamburg, 1951
Silverstone, P. H.: U.S.-Warships of World War II, Ian Allan, London, 1965
U. S. Government Printing Office: United States Naval Aviation 1910–1970, Washington, D. C., 1970
Watts, A. J.: Japanese Warships of World War II, Ian Allan, London, 1966
Wetterhahn, A.: Flotten-Revue 1948 Band I und II: USA, seinerzeitiger Vertrieb Paul Schmalenbach Bremen, 1948/49
Japanese Battleships and Cruisers: Macdonald, London, 1963

Periodisch erscheinende Bücher

Bredt/Weyer: Taschenbuch der Kriegsflotten, verschiedene Jahrgänge, J. F. Lehmanns Verlag, München
Blackman/McMurtrie: Jane's Fighting Ships. verschiedene Jahrgänge, Macdonald, London
Fahey, J.: Ships and Aircraft of the U.S.-Fleet, verschiedene Jahrgänge, Eigenvertrieb sowie U.S.-Naval-Institute (Falls Church und Annapolis)
Leeward Publications: Band 1: USS North Carolina, 1973
Band 2: USS Alabama, 1974
Sonderband: Pearl Harbor Attack, 1974
Naval History Division (Department of the Navy): Dictionary of American Naval Fighting Ships, Bände I bis V, 1950–1970, Washington, D. C.
Warship Profiles: Band 21 USS Tennessee

Zeitschriften

Davis, W. H.: Ship list U.S.-Navy, erschienen in verschiedenen Jahrgängen von „The Belgian Shiplover", Brüssel
Fisher, E. C.: Warship International, Toledo, Ohio
Ishiwata, K.: Ships of the World, Kaijinsha & Co., Tokio
U.S. Naval Institute Proceedings: Annapolis, Md.
Marine-Rundschau, München

Anmerkung: Die bisher beim J. F. Lehmanns Verlag erschienenen Titel werden vom Bernard & Graefe Verlag weitergeführt.

Die Reaktivierung der vier Iowa's 1982–1988

Captain R. C. Peniston, einem prophetischen Kreuzer- und Schlachtschiff-Kommandanten, gewidmet.

Vorwort

Zwischen 1982 und 1988 wurden alle vier lange Zeit bei der Reserveflotte ruhenden Schlachtschiffe grundlegend modernisiert und nach Reaktivierung der US-Flotte wieder zugeführt. Am 22. Oktober 1988 wurde als letzte der vier Einheiten USS *Wisconsin* (BB-64) wieder in Dienst gestellt. An der feierlichen Zeremonie in Pascagoula nahm der Verfasser teil. Verlag und Autor planten seit längerer Zeit die Einbeziehung der gesamten Reaktivierungs-Aktion in die vorhandene Schlachtschiff-Literatur des Verfassers. Dies geschieht jetzt durch die Ergänzung des 1982 erschienenen Schlachtschiffbandes und durch die Erweiterung desselben bis zum Jahr 1988.

Mein besonderer Dank gilt den zuständigen Herren der U.S. Navy, die mir während der vergangenen Jahre die Besuche von Schlachtschiffen ermöglicht haben. An erster Stelle gilt dies für Mr. John Lehman, von 1981 bis 1987 U.S. Secretary of Navy, und für meinen Marinefreund Arthur D. Baker III, den Herausgeber des renomierten amerikanischen Flottenhandbuches "Combat Fleets of the World". – Ich danke außerdem Herrn Herbert Hils dafür, daß er bei der Fertigung des Manuskriptes geholfen hat.

Die beiden Zeichnungen fertigte Herr Eberhard Kaiser an; sie stammen aus dem ,,Jahrbuch der U.S. Navy", Folge 1. – Zum vorgegebenen Thema bestand fruchtbare Korrespondenz mit Mr. Rob Cabo aus den Niederlanden, der in mancher Hinsicht hilfreich gewesen ist. Um die Fotos der Schlachtschiff-Wappen kümmerte sich dankeswerterweise Herr Ludger Brockmann. Auf diesem Wege danke ich allen Fotografen und Foto-Lieferanten, die Fotos der Schlachtschiffe geliefert haben; ihre Namen sind in den Bildtexten ausgewiesen.

Besonderen Dank möchte ich aber auch all denen sagen, die es uns ermöglicht haben, bei der Indienststellung von USS *Wisconsin* anwesend sein zu dürfen, hier namentlich:

- der Botschaft der USA in Bonn: USIS, Herr Dr. Ulrich Simon; Marineattaché Captain R. Anson, USN
- Office of Naval Information, Washington, D.C.: Lt. Cdr. Sheila Graham und Lt. Dallas Swenson
- CHINFO-Außenstelle Atlanta, Ga.: Lt. Cdr. Hartshorne, Cdr. Price, Lt. Cdr. Lynn Howell und Lt. Kent
- USS *Wisconsin:* Captain Jerry M. Blesch und der PAO Lt. Cdr. Ahlwardt
- Deutscher Marineattaché in Washington, D.C., Kpt. z.S. Kamper.

Stefan Terzibaschitsch

Zum Thema dieses Abschnitts wird auf folgende Beiträge des Verfassers in der *Marine-Rundschau* hingewiesen:
Heft 2/1982: Comeback der alten Veteranen der U.S. Navy: Die Schlachtschiffe der "Iowa"-Klasse werden reaktiviert
Heft 3/1983 ,,Neue" alte Schiffe der U.S. Navy (auch USS "Iowa" (BB-61) wird reaktiviert)
Außerdem erschien im Heft 3/1987 der *Internationalen Wehr-Revue* der Beitrag: Drittes reaktiviertes Schlachtschiff für die U.S. Navy (USS "Missouri" (BB-63) in Dienst der Pazifischen Flotte gestellt).

64

Einleitung

Vorgeschichte der Reaktivierung

Erinnern wir uns: die zuvor letzte Reaktivierung eines Schlachtschiffes war die von USS *New Jersey* (BB-62) am 6. April 1968 für den Feuerschutzeinsatz vor der Küste von Vietnam. Wenn man bedenkt, daß vor dem *New Jersey*-Einsatz im Durchschnitt jeden Tag ein US-Flugzeug bei Angriffen auf wichtige Ziele über Vietnam abgeschossen wurde, dann erscheint es unverständlich, daß man nicht schon wesentlich früher zwei Schlachtschiffe wieder in Dienst gestellt hat, um eines davon ständig auf Station zu halten. Wieviel Flugzeugbesatzungen hätten vor dem Tod bewahrt werden können, wenn man die aus sicherer Entfernung präzise schießenden Schlachtschiffe frühzeitig zum Einsatz gebracht hätte. Die bis dahin für das Ziel-Bombardement zum Einsatz gekommenen schweren und leichten Kreuzer verfügten über Geschütze der Kaliber 20,3 und 15,2 cm, deren Reichweite und Durchschlagskraft bei weitem nicht derjenigen der 40,6–cm-Geschütze entsprach.

Vor Vietnam hätte die *New Jersey* nur während einer Einsatzperiode Gelegenheit, ihre hervorragenden Qualitäten unter Beweis zu stellen. Ihre Erfolge waren eindeutig und nachhaltig. Ja, sie waren so überzeugend, daß der bereits vorbereitete zweite Einsatz des Schiffes zum Faustpfand bei den Waffenstillstandsverhandlungen wurde. Es waren keineswegs die mangelnden Leistungen von BB-62, die diese zweite Einsatzperiode verhinderten; vielmehr war es eine direkte Anordnung des damaligen US-Präsidenten L. B. Johnson, der vom „Weißen Haus" aus bestimmte, daß *New Jersey* zurückgehalten und dann außer Dienst gestellt werden sollte. Dies geschah dann am 17. Dezember 1969. Aus der damaligen Sicht konnte man davon ausgehen, daß mit dieser Außerdienststellung die allerletzte Dienstperiode eines Schlachtschiffes überhaupt zu Ende ging. Vor der Übernahme neuer Aufgaben nach seiner Beförderung zum Konteradmiral übergab Captain J. E. Snyder am 27. August 1969 das Kommando über die *New Jersey* an Captain R. C. Peniston, der das Schiff zum zweitenmal nach Vietnam führen sollte. Der Termin für die Abfahrt des Schiffes aus Long Beach war auf den 5. September festgelegt. Seit drei Wochen liefen bereits die Vorbereitungen für diese Einsatzfahrt. Am 21. August jedoch erfuhr die staunende Besatzung, daß sich *New Jersey* unter den rd. einhundert Schiffen befinden würde, die im Herbst 1969 deaktiviert würden – aus budgetären Gründen, wie der damalige Verteidigungsminister Melvin Laird verlauten ließ. Captain Peniston war nun dazu bestimmt, das stolze Schlachtschiff nicht an die Vietnamküste zu führen, sondern es für die Konservierung vorzubereiten. Historisch geworden sind seine Abschiedsworte anläßlich der dritten Außerdienststellung der *New Jersey* am 17. Dezember 1969:

> „Die Stunde ist nun gekommen, um Abschied zu nehmen. Aber, bevor wir dies tun, hier mein letzter Befehl an dich, Schlachtschiff *New Jersey:* ruhe wohl, doch sei dein Schlaf leicht, damit du den Ruf vernimmst, wenn er wieder kommen sollte, um ‚Feuerkraft für den Frieden' zu bieten. Du wirst den Ruf hören und du wirst – dank deiner wunderbaren Besatzung – bereit sein."

Nun, Captain Peniston sorgte sehr intensiv dafür, daß *New Jersey* in einem Zustand in den Reserve-Status zog, der es für die Navy möglich machte, 1981 gerade dieses

◀ Sommer 1988: Nach Umbau und Modernisierung wurde hier USS *Wisconsin* während der Seeversuche aufgenommen.

USS Wisconsin *during sea trials in summer 1988.*

9. Juli 1970 im Mittelmeer: Captain R. C. Peniston und der Verfasser auf der Brücke von USS *Albany* (CG-10).

In July 1970 the author visited the VIth Fleet meeting Captain R. C. Peniston, USN, at that time Commanding Officer, USS Albany *(CG-10). The picture was taken on the bridge wing of USS* Albany.

Schlachtschiff als erstes dem kaum mehr erwarteten Reaktivierungsprozeß zuzuführen. Nach Erfüllung dieser doch traurigen Aufgabe erhielt Captain Peniston das Kommando über den Lenkwaffenkreuzer USS *Albany* (CG-10). Knapp ein halbes Jahr später hatte der Verfasser dieses Buches Gelegenheit, Captain Peniston kennenzulernen. 1970, während eines Besuches bei der 6. US-Flotte im Mittelmeer, war er einen Tag lang Gast des Kommandanten auf USS *Albany*, wo während eines recht ausgedehnten Frühstücks und Mittagessens die damals noch sehr zeitnahen Ereignisse lebhaft diskutiert werden konnten – in Anwesenheit des unvergessenen Dr. Wolfgang Noecker, der 1977 verstarb.

Trotz der als prophetisch geltenden Worte dieses letzten Kommandanten wurde damals der Einsatz der *New Jersey* als der letzte eines Schlachtschiffes überhaupt angesehen.

Zehn Jahre Ruhezeit

Es ist schon bemerkenswert: seit vielen Jahren unterhält die U.S. Navy bei ihrer Reserveflotte von „eingemotteten" Schiffen in Bremerton vier aus dem Zweiten Weltkrieg stammende Flugzeugträger des Typs *Essex*, von denen heute jeder weiß, daß sie aufgrund ihres verrotteten Zustandes und infolge der zwischenzeitlich sehr weit fortgeschrittenen Flugzeugträgertechnologie niemals mehr in Dienst genommen werden können. Dennoch hörte man im Laufe der Jahre kaum jemals etwas davon, daß diese Schiffe endlich verschrottet werden sollten. Das Gegenteil war bei den vier nunmehr eingemotteten Schlachtschiffen der Fall. Einmal sah es so aus, als würde *New Jersey* noch einmal gebraucht. Im Frühjahr 1972 unternahmen die Nordvietnamesen eine Großoffensive, zu deren Bekämpfung *New Jersey* gerade das richtige Schiff gewesen wäre, lagen doch aufgrund der gegebenen geographischen Lage an die 85 Prozent des Gebietes Nord- und Südvietnams im Bereich ihrer schweren Geschütze. Anfragen aus dem Stabe Präsident Nixons, ob denn BB-62 innerhalb von 30 Tagen auslaufbereit sein könnte, mußten seitens der Navy negativ beschieden werden. Daraufhin wurde der schwere Kreuzer USS *Newport News* (CA-148) beschleunigt nach Vietnam in Marsch gesetzt, er kam dann dennoch zu spät an und seine 20,3-cm-Geschoße konnten mit den 40,6-cm-Granaten nicht konkurrieren.

Ansonsten aber gab es auch bei der Navy Kräfte, die einer baldigen Aussonderung der Schlachtschiffe das Wort redeten. 1972 z. B. schlugen etliche höhere Navy-Offiziere vor, daß nur *New Jersey* bei der Reserveflotte verbleiben sollte, während die übrigen drei Schiffe ausgesondert werden sollten. Selbst unter der Annahme, daß *Missouri* fest als Museumsschiff in Bremerton etabliert worden wäre, würden *Iowa* und *Wisconsin* verschrottet werden. Nur die energische Opposition des Marine Corps rettete damals die beiden Schiffe vor der Aussonderung. Wenige Jahre später gab es eine Studie der Navy, durch die eindeutig belegt wurde, daß der Einsatz von empfindlichen elektronischen Anlagenteilen der Systeme AEGIS, CIWS Phalanx, Sea Sparrow und Harpoon auf den Schlachtschiffen trotz des starken Gasdrucks beim Salvenabschuß der schweren Türme möglich sein würde. Im Frühjahr 1974 empfahl selbst das damalige Naval Ships System Command die Aussonderung der vier Schiffe. Retter in der Not war der damalige Chief of Naval Operations, Admiral Elmo Zumwalt, der sich solchen Versuchen immer wieder widersetzte. Nachdem inzwischen auch die letzten 15,2–cm- und 20,3-cm-Geschütze die Flotte verließen, die Einführung der frontreif gewordenen Leichtgewichtkanone Mk 71 MCLWG (Kaliber 20,3 cm) von den Regierungen Ford und Carter vereitelt wurde, sah sich das Marine Corps mit der Tatsache konfrontiert, daß von nun an das Kaliber 12,7 cm das auf Navy-Schiffen stärkste sein würde. Auf seine strenge Intervention hin machte CNO Admiral Holloway sämtlichen Plänen zur Streichung der vier *Iowa's* ein Ende. In Verbindung mit dieser ganzen Aktion bescheinigte eine Navy-Untersuchungskommission den alten Schiffen, daß der physische Zustand des Schiffes selbst, der Antriebsanlage sowie der Artillerie gut wäre, daß jedoch die vorhandenen Kommando- und Kontrollanlagen, wie auch die Unterbringungs-Einrichtungen unzulänglich wären (... und empfahl ebenso die Streichung der Schlachtschiffe!).

Politische Veränderungen Ende der 70er Jahre

Wieder einmal waren es politische Gegebenheiten, die für die Konsistenz der Navy Folgen hatten, und die damit auch Einfluß gewannen auf das weitere Schicksal der vier schlummernden Schlachtschiffe:

- ☐ Der Fall des Schah-Regimes im Iran und die Bildung der islamischen Republik bewirkten im bislang friedlichen Persischen Golf eine beträchtliche Instabilität.
- ☐ Diese Instabilität war u.a. dadurch gekennzeichnet, daß die USA nicht umgehend entsprechend reagieren konnten. Die ein Jahrzehnt andauernde Erosion der U.S. Navy während der Administrationen Johnson, Nixon, Ford und – insbesondere – Carter zeitigte unmißverständliche Folgen.
- ☐ Wie es schon immer in der Politik war: wo in instabilen Gebieten militärisches Vakuum entsteht, wird dies vom Stärkeren ausgenutzt. Die Sowjetunion marschierte in Afghanistan ein und begann damit ein Abenteuer, das ein Jahrzehnt angedauert hat. Das Erwachen der Carter-Regierung war dementsprechend schmerzvoll.
- ☐ Im Gegensatz zur jahrelang betriebenen Schwächung der amerikanischen Marine wurde die sowjetische Kriegsmarine ständig verstärkt. *Kirov*, der Ende 1977 zu Wasser gekommene atomangetriebene „Schlachtkreuzer", warf seine buchstäblich langen Schatten voraus als der größte nach dem Kriege erbaute Kreuzer der Welt (28000 ts voll beladen).
- ☐ Zu alledem waren im November 1980 Präsidentschaftswahlen in den USA, deren Ausgang ausschlaggebend war für die Wiedererstarkung der U.S. Navy und damit auch für das Schicksal der vier Schlachtschiffe der *Iowa*-Klasse. Das Ergebnis dieser Wahlen brachte die „Wende".

Die Reaktivierung der Schlachtschiffe wird Realität

Noch vor dem Regierungswechsel in Washington mußte sich die Navy darüber ernste Gedanken machen, in welcher Weise am schnellsten die Instabilität zwischen ihr und der sowjetischen Flotte wieder beseitigt werden kann. Der damalige CNO, Admiral Th. B. Hayward, zeigte selbst Interesse an der Reaktivierung der Schlachtschiffe als eine der Möglichkeiten, hier Abhilfe zu schaffen. Die eigentliche Initiative zu alledem kam seitens des zivilen Militärberaters Charles E. Myers, eines ehemaligen Piloten der U.S. Air Force, der auch mit der Problematik der Landungsunterstützung durch Flugzeuge, mit deren Stärken und Schwächen, vertraut war. Als Ergebnis eingehender Studien kam Myers zu der Überzeugung, daß die vier Schlachtschiffe der *Iowa*-Klasse reaktiviert werden sollten – zunächst nur unter dem Aspekt ihrer Verwendungsfähigkeit als Feuerschutzschiffe bei amphibischen Landungen und zur Unterstützung von Landoperationen. Das Argument, daß nur ein Schlachtschiff innerhalb weniger Stunden bei präzisem Feuer eine Brücke in Nord-Vietnam vernichtet hätte, für deren letztliche Vernichtung seinerzeit 50 US-Maschinen hatten geopfert werden müssen, dieses Argument hatte seine Wirkung nicht verfehlt. Myers, der in dieser Sache mit interessierten Kongreß-Mitgliedern Verbindung aufgenommen hatte, lancierte in der November-Ausgabe 1979 von PROCEEDINGS einen Grundsatzartikel, dessen Wirkung die eines ins Wasser geworfenen Steines war. Die Navy, mit dem CNO an der Spitze, intensiv unterstützt durch das Marine Corps, begann sich ernstlich mit dem Thema zu befassen. Das ging so lang, bis sich Präsident Carter persönlich einschaltete und die Navy-Spitze dringend anwies, Überlegungen bezüglich der Schlachtschiff-Reaktivierung aufzugeben. Indessen, die Ereignisse überrollten den glücklosen Präsidenten, dessen Regierungszeit durch Regierungs-Schwäche gekennzeichnet war. Ronald Reagan gewann eindrucksvoll die November-Wahl, dies vor allem deswegen, weil er eine drastische militärische Stärkung der USA auf seine Fahnen schrieb. Reagan hatte eine glückliche Hand bei der Auswahl seines neuen Marineministers. John Lehman war (und ist noch!) Offizier der Marineluftwaffen-Reserve, 1988 wurde er gar zum Captain befördert. Wissend, daß Lehman Verfechter der Einführung des Tomahawk ,"cruise missile" bei der Navy war, empfahl Myers Lehamn, die Schlachtschiffe ebenfalls mit Tomahawk auszustatten. Er fand hier offene Ohren und Lehman fand in dieser Angelegenheit die ,,sehr enthusiastische" Unterstützung durch Ronald Reagan, den gewählten, aber noch nicht residierenden ersten Mann des Staates.

Was es nun 1980, im Laufe der Kongreßaktion um die erste Reaktivierung, an Streitgesprächen, Debatten und Diskussionen in der Öffentlichkeit gab, ist zu umfangreich, um an dieser Stelle in der Gesamtheit wiedergegeben zu werden. Auf der Seite der Opponenten gab es – auch unter den Kongreßmitgliedern – solche, die von der Sache recht wenig verstanden. Sie argumentierten mit unfachmännischen Fakten, die mit den tatsächlichen Begebenheiten oft im krassen Gegensatz standen. Andere wiederum, deren Kenntnisse unumstritten waren, ließen keine Zweifel daran, daß sie trotz ihrer Standhaftigkeit und Geräumigkeit diese Schiffe dennoch für zu alt hielten, so daß deren potentielle Reserven eine nicht allzulange restliche Dienstzeit gewährleisten würden. Dies wären außerdem Mannschaftsintensive Schiffe, deren hohe Betreibungskosten ohnedies bald dem ganzen Spuk von selbst ein Ende setzen würden.

Hauptverfechter der Modernisierung und Reaktivierung der Schlachtschiffe war der Marineminister John Lehman, tatkräftig unterstützt vom Marine Corps und von etlichen hohen Offizieren der "surface community". Lehman leistete viel Überzeugungsarbeit beim Kongreß und in der Öffentlichkeit, denn – trotz allem mußte bei der Budget-Debatte um jedes der vier Schiffe einzeln gekämpft werden. Insbesondere bei der Finanzierung der Reaktivierung des ersten Schiffes, der *New Jersey*, befürchtete der Kongreß unkontrollierbare Kosten. Auch diesen Bedenken trat Lehman entgegen indem er sich persönlich dafür verbürgte, daß die veranschlagten 326 Mio. $ nicht überschritten werden. Er schaffte auch dies, und sein Engagement in dieser Sache kulminierte in der Äußerung der Presse gegenüber, wonach der einzige Nachteil der Schlachtschiffe der wäre, daß es nur vier von ihnen gibt. Nach Überwindung aller durchaus vorhandenen Probleme wurde das Gesamtunternehmen „Reaktivierung der *Iowa*-Klasse" innerhalb von etwas über sieben Jahren realisiert. Es begann am 27. Juli 1981, als *New Jersey* auf Schleppfahrt von Bremerton kam, und endete mit der Wiederindienststellung von *Wisconsin* am 22. Oktober 1988.

Aufgabenstellung

Es war von vornherein klar, daß die vier Giganten nicht allein deswegen wieder in Dienst kommen sollten, um etwa die Gedankenwelt von Skagerrak oder die Technologie der 40er Jahre wieder auferstehen zu lassen. Vielmehr sollten sie mit Hilfe ihrer Vorzüge „Standfestigkeit" und „Geräumigkeit" dazu benutzt werden, die Flotte der 80er Jahre flexibler und noch schlagkräftiger zu machen. Die seegestützte Abschreckung über Wasser sollte künftig nicht allein von den Flugzeugträgern und ihren Begleitschiffen ausgehen; vielmehr sollten jene von dieser Aufgabe entlastet werden durch Bildung von sog. "Surface Action Groups", deren Mittel- und Angelpunkt jeweils eines der Schlachtschiffe sein würde. In dieser Eigenschaft sollten diese mit den modernsten Schiff/Schiff Flugkörpern ausgestattet sein, auch mit solchen (Tomahawk), die nicht nur gegen Schiffe, sondern auch gegen Landziele eingesetzt werden könnten. Diese "Surface Action Groups", als SAG abgekürzt, werden gegenwärtig auch als "Battleship Battle Groups" (BBBG) bezeichnet. In Bereichen mit hoher Bedrohung würden diese Gruppen unter dem Schutz der trägergestützten Flugzeuge fahren; dort, wo die Bedrohung geringer ist, würden sie selbständig operieren. Ein Schlachtschiff in Zusammenwirkung mit einem AEGIS-Kreuzer und mit mehreren Flugzeugabwehr- und U-Jagdschiffen (Zerstörer und Fregatten) sowie mit einem großen Versorger würde eine autonome Kampfgruppe bilden, die mannigfaltige Aufgaben erfüllen könnte. So wurden diese Aufgaben 1982 wie folgt umrissen:

- ☐ Offensiv-Operationen mit Träger-Kampfgruppen in Bereichen mit hohem Bedrohungsgrad.
- ☐ In Zusammenwirkung mit Begleitschiffen Offensiv-Operationen ohne Flugzeugdeckung in Bereichen mit geringerer Bedrohung.
- ☐ Unterstützung amphibischer Gruppen.
- ☐ Offensiv-Operationen gegen Land- und Seeziele mit Flugkörpern.
- ☐ Eigen- und Nahabwehr gegen feindliche Flugzeuge und Flugkörper.
- ☐ Geschütz-Bombardement feindlicher Landziele.
- ☐ Kontrolle und Leitung der eigenen Flugzeuge.
- ☐ Einsatz und Betankung der eigenen Hubschrauber.
- ☐ Betankung der Begleitschiffe.
- ☐ Zeigen der Flagge durch maritime Präsenz.
- ☐ Streckung des Einsatzzyklus der Flugzeugträger; Verlängerung deren Hafenliegezeiten und damit Beitrag zur Hebung der Wiederverpflichtungsraten derer Besatzungen.

Wie nachfolgend festzustellen sein wird, sind die vier Schlachtschiffe für die Durchführung der vorgenannten Aufgaben bestens ausgerüstet.

USS *Iowa* in Kiel, September 1985.

Technische Angaben

Länge ü.a.	270,61 m
Länge in der Wasserlinie	262,3 m
Größter Tiefgang bei 57540 ts	11,6 m
Wasserverdrängung, Standard	48425 ts
Wasserverdrängung, voll beladen	57500 ts
Antriebsanlage	
acht Hochdruck-Heißdampfkessel,	
	Betriebsdruck 565 psi = 38,4 atü
Betriebstemperatur	850 grad Fahrenheit
vier Satz Getriebeturbinen, Leistung	
	212000 PS = 156030 kW
4 Propeller auf vier Wellen,	
	zwei fünfflügelige (innen), ∅ 5,18 m
	zwei vierflügelige (außen), ∅ 5,55 m
Geschwindigkeit	33 kn
Ruder, stromlinienförmig	2
Brennstoffvorrat	8624 ts
Schiffsgeneratoren, 450 V, 1250 KW	8
Not-Dieselaggregate, 250 KW	2
Dieselvorrat	187 ts
Hubschrauber-Treibstoffvorrat	
	8588 Gallonen = 32508 l
Besatzung (Soll), z.T. wechselnd	65/1445
+ Marine Corps	2/42
Panzerung	
Stirnfläche 40,6–cm-Türme	430 mm
Decken 40,6–cm-Türme	180 mm
Rückflächen 40,6-cm-Türme	305 mm
Seitenflächen 40,6-cm-Türme	234 mm
Schutzschilde 12,7-cm-Geschütze	19–25 mm
Kommandoturm	430 mm
Zweites Horizontaldeck	152 mm
Schrauben- und Wellenschutz	343 mm
Vertikalpanzerung	343 mm
	getäpert bis auf 40 mm

Bewaffnung

Seezielartillerie

9 x 40,6 cm L/50 Mk 7 Mod. 0, in drei Drillingstürmen. Reichweite ca. 38,7 km. Es besteht die Absicht, die Reichweite auf 50 km zu steigern. Generell ist die Reichweite variabel, in Abhängigkeit von der Erhöhung der Rohre, vom Geschoßgewicht und von der Kartuschenladung. Turmgewicht: 1708 ts.
12 x 12,7 cm L/38 Mk 28 Mod. 0/10 in sechs gepanzerten Zwillingsschilden. Doppelzweckgeschütze mit einer Reichweite von 15,8 km und einer Schußhöhe von 9,8 km.

Schiff/Schiff-Flugkörper

8 gepanzerte Tomahawk-Starter Mk 44 (ABL) mit 32 FK Marschflugkörper BGM-109, mehrere Versionen für Schiff- oder Landbeschuß, mit 450 kg schwerem konventionellen, oder mit Nuklear-Sprengkopf. Reichweite: 560–920 km. 16 Schiff/Schiff-FK Harpoon RGM-84, in vier Rohrgruppen Mk 141 Mod. 0. Reichweite: 110 km.

FK-Abwehr

4 "Gatling"-Geschützanlagen 20 mm CIWS Mk 15 Phalanx, sechsläufig. Schußfolge 3000 Hartgeschosse je Minute gegen tief anfliegende FK und Flugzeuge. Reichweite: 1500 m.

Elektronik

Feuerleitung

2 FLG Mk 38 Mod. 4/5, mit FL-Radar Mk 13 für Hauptartillerie, 4 FLG Mk 37 Mod. 8/10, mit FL-Radar Mk 25 für 12,7-cm-Geschütze.

Für die Systeme Tomahawk und Harpoon gibt es keine außen wahrnehmbaren Leitantennen, deren Elektronik ist in den FK selbst untergebracht. Im Schiffsinnern befinden sich aber Kontrollräume.
CIWS Phalanx verfügt über eine eigene, in der Kuppel untergebrachte Such-, Verfolgungs- und Feuerleitanlage mit Feuer-Korrektur. Während der Beschuß-Phase kann nicht zugleich ein zweites Ziel geortet werden, daher würde ein Angriff von mehr als zwei FK auf einmal dem Schiff gefährlich werden, wenn es nicht noch weitere Abwehrmittel gäbe.

Radarortung

Die Schlachtschiffe verfügen über drei Radaranlagen:

SPS-49 für die weitreichende zweidimensionale Luftraum-Überwachung.
SPS-67 für den Überwasserbereich; BB-62 hat noch die ältere Anlage SPS-10 F an Bord, jedoch wird die SPS-10-Antenne auch bei SPS-67 verwendet. Äußere Unterschiede gibt es also nicht.
SPS-59 ist die Navy-Adaption der Zivilanlage LN-66, hier zuständig für die Navigations-Ortung.

Auf *Wisconsin* befindet sich noch die Navigations-Radarantenne SPS-64 (V) der Firma Raytheon.

Elektronische Kampfführung

Zwei Antennengruppen der ECCM-Anlage SLQ-32 (V)3 sind vorhanden. Diese Anlage übt starken aktiven Störeffekt auf die Ortungsanlagen gegnerischer Schiffe aus. Mit ihr werden auch ankommende gegnerische FK geortet und Maßnahmen zu deren Ablenkung eingeleitet. Eng mit SLQ-32 assoziiert ist die Düppelanlage Mk 137 mit Mk 36-Kartuschenwerfern. Die Schlachtschiffe verfügen über die bislang höchste Anzahl von acht dieser sechsrohrigen Werfer, je vier auf jeder Seite des vorderen Schornsteins. Die Werfer verschießen Düppel-Kartuschen mit Staniolstreifen; diese bilden abseits der Schiffe ganze Staniolwolken, die die gegnerische FK-Leitelektronik irreleiten sollen, indem sie ein ,,falsches“ Ziel darstellen. Dieses Düppelsystem rangiert auch unter der Bezeichnung SRBOC, für “Super Rapid-Bloom Offboard Chaff”. Die Wirksamkeit von SRBOC konnte bei der Abwehr iranischer FK im Persischen Golf nachgewiesen werden. SLQ-32 wurde an der gleichen Stelle des Vormarses angebracht, wie 1968/69 die ECCM-Anlage ULQ-6 auf *New Jersey*. Sie machte gleichzeitig die früher mitgeführte ECM-Anlage WLR-1 entbehrlich. Zu den Anlagen für elektronische Kampfführung gehört auch die Torpedo-Ablenkanlage SLQ-25 NIXIE, deren Geräuschgeneratoren am Kabel aus dem Achterschiff der Schiffe herabgelassen werden. Die erzeugten Geräusche sind lauter als die der Schiffs-Propeller, so daß hierauf eingestellte Torpedos vom Schiff abgelenkt werden.

Hubschrauber-Navigationshilfe (TACAN)

Wie auf zahlreichen Überwasserschiffen, so findet man auch auf der Mastspitze der Schlachtschiffe die flache TACAN-Leichtgewichtantenne URN-25.

Satelliten-Kommunikation

Wie fast alle Schiffe der U.S. Navy, so verfügen auch die Schlachtschiffe über ein Satelliten-Terminal zur Abwicklung der Nachrichtenübermittlung rund um die halbe Weltkugel. Hier handelt es sich um die Anlage WSC-3. Zur Abdeckung des 360°-Horizontes findet man auch hier zwei der trommelförmigen Antennen OE-82B, eine auf dem Vormars, die andere an der Achterkante des zweiten Schornsteines. *Missouri* führte zeitweilig als Zweitanlage noch WSC-6 mit; inzwischen wurde diese Anlage wieder ausgebaut.

Sonstiges

Hubschrauber

Die Schlachtschiffe verfügen über keinen Hangar zur wetterfesten Unterbringung von Hubschraubern. Sie können dennoch auf dem geräumigen Achterdeck vier Hubschraubern Platz bieten, wobei theoretisch auch die schweren CH-53 Stallion landen können. In der Praxis werden hier Hubschrauber der U-Jagdtypen SH-2F oder SH-60 B/F zum Einsatz kommen, dazu noch Stabs- und Kuriermaschinen.

Aufklärungsdrohnen (RPV)

"Remotely piloted vehicles", die unter der Kürzung RPV bekanntgeworden sind, sind unbemannte, ferngelenkte Drohnen, die als verlängertes Auge der Schlachtschiffe für diverse Aufgaben eingesetzt werden, vor allem bei der Beobachtung der Trefferwirkung, bei der fotografischen Aufklärung usw. *Iowa* ist Testschiff für dieses aus Israel stammende Drohnensystem, das auch unter der Bezeichnung „Pioneer" bekanntgeworden ist. *Iowa* führte zeitweilig bis zu acht RPV an Bord, die von der Mehrzweckstaffel VC-6 der Marine-Luftwaffe gestellt werden. Über den eigentlichen Erfolg der RPV gibt es widersprechende Stellungnahmen. Der RPV-Betrieb spielt sich ebenfalls vom Achterschiff ab, so daß währenddessen der Hubschrauberverkehr behindert wird. Obgleich es mit dem Startvorgang keine Probleme gibt, ist die Bergung der Drohnen kompliziert, da diese – von achtern anfliegend – mit Hilfe eines Netzes, wie ein Schmetterling, aufgefangen werden müssen. So manches RPV ging in verschiedenen Phasen der Einsätze durch Absturz verloren.

Besatzung

Navy

Die Personalkosten verursachen bei mannschaftsintensiven Schiffen die größten finanziellen Belastungen. Die Entwürfe moderner Kampfschiffe berücksichtigen dies, wobei man versucht, durch hochautomatisierte Kampfsysteme die Zahl der Besatzungsmitglieder so niedrig zu halten, wie nur möglich. Dies trifft gegenwärtig auch für die Schlachtschiffe zu. Eine erste Reduktion der Mannschaftsstärke ergab sich nach Ende des Zweiten Weltkrieges und des Koreakrieges, als die Masse der nutzlos gewordenen 20- und 40-mm-Flak entfernt wurde. Am Beispiel der *Iowa* wird nachfolgend aufgezeigt, wie sich die Mannschaftsstärke mit der Zeit verringert hat.

Jahr	Offiziere	Mannschaften
1945	151	2637
1949	166	2451
1984	65	1445

Es würde sicherlich von Interesse sein, zu erfahren, wie sich die gesamte Besatzung auf den einzelnen Schiffsbereich verteilt. Erschöpfende Angaben hierüber konnten nicht gefunden werden. Dagegen wird in der Indienststellungs-Broschüre der *Missouri* die Verteilung der Offiziere, der Chief Warrant Officers und der Portepeeunteroffiziere spezifiziert, und zwar wie folgt:

Department	Offiziere + CWO	Chief Petty Officers
Commanding Officer	1	–
Executive Officer	1	–
Administrative Dept.	7	7
Dental Dept.	2	1
Engineering Dept.	14	23
Marine Detachment	2	2
Medical Dept.	2	2
Navigation Dept.	1	1
Operations Dept.	8	9
Weapons Dept.	24	29
Command Master Chief	–	1
Supply Dept.	–	10

Generell kann festgestellt werden, daß die Zahl der tatsächlich an Bord befindlichen Mannschaften niemals der Sollzahl entspricht, da die Fluktuation beständig ist.

Marine Corps

Ein Marine Corps-Kommando in Stärke von zwei Offizieren und 42 Soldaten befindet sich auf jedem Schlachtschiff. Dieses ist verantwortlich für Wach- und Zeremoniendienste. Was nicht allgemein bekannt sein dürfte, ist die Tatsache, daß die „Marines" die voll ausgebildete Besatzung für den achtersten Steuerbord-12,7-cm-Doppelturm stellen. Dies entspricht alter Tradition.

Baudaten

Das nominelle Alter der „vier *Iowa's*" beträgt 1988 rd. 45 Jahre. Schiffe, die längere Außerdienst-Perioden aufzuweisen haben, altern natürlich langsamer. Aufgrund der nachfolgend spezifizierten In- und Außerdienststellungsdaten kann das „wahre" Alter der einzelnen Schiffe errechnet werden.

	BB 61	BB 62	BB 63	BB 64
1. i. D.	22.2.43	23.5.43	11.6.44	16.4.44
1. a. D.	24.3.49	30.6.48	26.2.55	1.7.48
2. i. D.	25.8.51	21.11.50	10.5.86	3.3.51
2. a. D.	24.2.58	21.8.57		8.3.58
3. i. D.	28.4.84	8.4.68		22.10.88
3. a. D.		17.12.69		
4. i. D.		28.12.82		

(i. D. = in Dienst, a. D. = außer Dienst)

Es verbleibt noch zu erwähnen, daß *Missouri* ihre lange Ruheperiode bis 1984 im Bereich der Marinewerft Puget Sound in Bremerton, Wash., verbrachte. Nach dem Koreakrieg lagen die übrigen drei Schlachtschiffe einträchtig nebeneinander an einer der Außenkais in der Marinewerft Philadelphia, bis *New Jersey* 1967 von dort zur dritten Aktivierung weggeschleppt wurde. Auch *Iowa* wurde 1982 von Philadelphia abgeholt, wie auch zuletzt 1986 *Wisconsin*. *New Jersey* ruhte von 1969 bis 1981 in Bremerton, genau gegenüber von der *Missouri*.
Modernisiert und zur Reaktivierung vorbereitet wurden:
- ☐ BB-62 und -63 in der Marinewerft in Long Beach,
- ☐ BB-61 und -64 bei Ingalls S.B. in Pascagoula.

Kosten und Finanzierung der Modernisierung und Reaktivierung

Die Diskussion über die für die Modernisierung und Reaktivierung benötigten Mittel nahm während der Kongreßdebatten eine beträchtliche Zeit in Anspruch. Das Argument der Befürworter ging dahin, daß man für den Preis einer modernen Lenkwaffenfregatte ein höchst potentes und standfestes, offensiv operierendes Schiff erhalten würde. Die tatsächlich beim Bau neuer oder bei der Modernisierung älterer Schiffe entstandenen Kosten werden der Öffentlichkeit im nachhinein nur selten präzise vorgestellt. Woran man sich jedoch halten kann und auch muß, das sind die Ergebnisse der jährlichen Budget-Bewilligungen im Rahmen der SCN-Mittel, und diese gestalteten sich hier wie folgt:

BB	Etatjahr	bewilligt Mio. $	Bemerkungen
62	1982	ca. 326,0	Vollfinanzierung
61	1982	ca. 81,0	Vorschuß
	1983	ca. 300,8	Vollfinanzierung
63	1984	ca. 57,7*	Vorschuß
	1984	ca. 406,2*	Vollfinanzierung
64	1986	ca. 469,0**	Vollfinanzierung
	insg.:	ca. 1640,7	

* Den im Rahmen des Etats FY 83 geforderten Vorschuß für BB-63 in der Höhe von 55 Mio. $ hat der Kongreß nicht freigegeben, dafür jedoch im folgenden Jahr 2,7 Mio. $ mehr. Die Vollfinanzierung erfolgte aus bei anderen Programmen erzielten Einsparungen; sie wurde ebenfalls im Rahmen von FY 84 bewilligt.

** Bei der Budget-Aktion für FY 86 wurde ein Versuch innerhalb des Kongresses abgeschmettert, sämtliche Mittel für die Reaktivierung von BB-64 zu streichen. Die Vollfinanzierung erfolgte ebenfalls mit aus dem Vorjahr eingesparten Mitteln; sie wurde dem Etat 1986 zugeordnet.

Marineminister John Lehman hatte sein Lieblingsvorhaben voll durchgesetzt („,...schade, daß es nur vier sind...!"). Für den Preis eines neuen atomangetriebenen "Strike Cruiser" gewann er vier denkbar stabile und geräumige Schiffe, die ein vielfaches an offensiven Waffen mitführen, verglichen mit dem, was dieser Kreuzer hätte mitführen können.
Es darf allerdings noch einmal darauf hingewiesen werden, daß die jährlichen laufenden Kosten für den Betrieb eines so mannschaftsintensiven und viel Brennstoff verbrauchenden Schiffes viele Millionen $ betragen.
Ein Beispiel: 1987 sollen die Operationskosten für BB-61, -62 und -63 an die 150 Mio. $ betragen haben.

Stützpunkte der Schlachtschiffe

Wie schon ausgeführt, wird jedes der vier Schlachtschiffe Flaggschiff einer "Surface Action Group". Im Rahmen eines noch vom Marineminister Lehman initiierten neuen Stützpunktplans werden auch die Heimathäfen der einzelnen SAG-Schiffe festgelegt. Nicht alle Schiffe einer SAG haben den selben Heimathafen wie ihr Flaggschiff. Noch vor der Ablieferung der *Iowa* wurden die Heimathäfen für die BB bestimmt. In der Endphase werden stationiert sein:

- ☐ Iowa in Staten Island, N.Y.
- ☐ New Jersey in Long Beach, Cal.
- ☐ Missouri in San Francisco, Cal. (noch unsicher!)
- ☐ Wisconsin in Corpus Christi, Texas

Bis zur Realisierung des neuen Stützpunktplans stützen sich BB-61 und BB-64 auf Norfolk, Va., und BB-62 und BB-63 auf Long Beach, Cal. Bis zum Redaktionsschluß stand noch nicht fest, ob San Francisco der *Missouri* am Hunter's Point Heimathafenrechte gewähren wird oder nicht. Derzeitig stehen die Chancen hierfür schlecht; Alameda, genau gegenüber San Francisco, bewirbt sich genau so wie Long Beach und Pearl Harbor.

Umbauplanungen gemäß Phase II

Eines der „Bonbons", das John Lehman dem Kongreß bot, um ihm die Reaktivierung der Schlachtschiffe schmackhaft zu machen, bestand in der Verlautbarung, wonach die Modernisierung derselben in zwei Phasen vor sich gehen sollte:

- ☐ Phase I: möglichst rasche Reaktivierung in der danach wirklich realisierten Form;
- ☐ Phase II: nach einigen Jahren weiterer Umbau als "air capable ship", d.h. mit der Fähigkeit, mehr Hubschrauber, oder auch CTOL- bzw. VTOL-Flugzeuge mitzuführen.

Die Thematik über dieses Vorhaben würde viele Zeilen füllen. Da aber letztlich der Umbau nach Phase II nicht realisiert wird, soll an dieser Stelle nur das wichtigste erwähnt werden.
Die Grundidee für den weiteren Umbau nach Phase II sah den Ausbau des achteren 40,6-cm-Turmes vor, an dessen Stelle ein VLS-Startmagazin für FK installiert werden sollte, umrundet von einer simplen, jedoch vergrößerten Landefläche für Hubschrauber des Marine Corps. Diese Idee rief manche Marine-Architekten und andere Enthusiasten auf den Plan, die in der Folge ihrer Phantasie freien Lauf ließen. Sie schlugen z.B. vor, daß der freie Raum um VLS herum mit einem Hangar belegt wird, von dessen Dach Senkrechtstarter des Typs AV-8 Harrier operieren könnten, begünstigt durch zwei „Skijump"-Rampen. Andere wiederum sahen ein verstärktes Hangardach vor, mit einem regelrechten Flugzeugaufzug und sogar mit einem Dampfkatapult verziert. Zusätzlich hierzu sollte eine Fangseilanlage gar die Landung von F-18-Flugzeugen möglich machen. Ende 1981 befaßte sich die Navy selbst mit der Problematik und in einer Studie wurden sechs Alternativen erwogen. Die billigste sah die Beibehaltung sämtlicher schwerer Türme vor. Vier Varianten sahen den Ausbau des achteren Turmes vor sowie die Zurüstung mit VLS und einer varia-

blen Dotierung von Hubschraubern. Die letzte Alternative sah gar die Entfernung sämtlicher 40,6-cm-Türme vor, die durch VLS-Magazine für 400 (!) FK ersetzt werden würden. Natürlich lief das Marine Corps Sturm gegen diesen Vorschlag. Wegen der Gefahr von Benzinbränden bei Treffern durch Küstengeschütze waren die „Marines" generell nicht von der Idee begeistert, so viel Hubschrauber auf den Schlachtschiffen zu stationieren. Nachdem John Lehman alle vier Schlachtschiffe vom Kongreß „gekriegt" hat, hatte der Köder seine Rolle ausgespielt. Mit der simplen Erklärung, daß die vier Schiffe „auch in der gegenwärtigen Konfiguration ihre Aufgaben vorbildlich erfüllen", und unter Hinweis auf durch den Umbau bedingte Zeitverluste bei der aktiven Dienstzeit und der sehr hohen Umbaukosten wurde seitens der Navy im April 1984 der Umbau nach Phase II endgültig suspendiert. Statt dessen wird viel unternommen, um die Treffsicherheit der schweren Geschütze radikal zu verbessern, u. a. durch die spätere Einführung einer Bahnverfolgungs-Radaranlage.

Drei Wochen bevor USS *Missouri* (BB-63) nach Long Beach geschleppt wurde, nämlich am 23. April 1984, entstand in Bremerton diese Aufnahme des Schiffes an seinem angestammten Platz, wo es lange Jahre als Museumsschiff gelegen hatte.

This picture of the still mothballed USS Missouri *was taken 23 April 1984 in Bremerton, Wash.*

Tätigkeit der reaktivierten Schlachtschiffe 1982–1988

Wenn alle vier Schlachtschiffe – ab Anfang 1989 – voll verwendungsfähig sind, ergibt sich der erwünschte Effekt, daß – rein rechnerisch – sich jeweils drei der vier Schiffe stets im Einsatz befinden bzw. kurzfristig einsatzfähig sein könnten, während sich das vierte einer längeren Werftinstandsetzung unterziehen kann. Wie problematisch es jedoch werden kann, wenn zunächst nur eines der Schiffe zur Verfügung steht, kann man der Einsatzgeschichte der beiden ersten reaktivierten BB entnehmen.

New Jersey

Mit *New Jersey* fing es an. Am 27. Juli 1981 begannen die Flottenschlepper *Takelma* und *Moctobi,* das Schiff von Bremerton am Puget Sound abzuschleppen. *Moctobi* wurde sehr bald von *Quapaw* abgelöst. Die Fahrt endete in der Marinewerft in Long Beach, wo das Schiff in weniger als anderthalb Jahren modernisiert wurde. 1968 kostete es nur 23 Mio. $, das Schiff so herzurichten und auszustatten, daß es beim Objektbeschuß vor Vietnam mit von der Partie sein konnte. Diesmal sollte es mehr als zehnmal so viel kosten: 326 Mio. $. Knapp 14 Monate nach Beginn der Modernisierung, exakt am 25. September 1982, begann das Schiff mit den ersten Seeversuchen, bereits hohe Stufen fahrend. Am 20. Oktober bereits wurden sämtliche Geschütze und auch Phalanx angeschossen, unter Teilnahme des Marineministers Lehman. Die vierte Indienststellung war für den 15. Januar 1983 terminiert. Da jedoch Präsident Ronald Reagan den Wunsch geäußert hat, der Zeremonie beizuwohnen, wurde – unter Berücksichtigung seiner Urlaubspläne – die Indienststellung auf den 28. Dezember 1982 vorverlegt. So geschah es auch. Während der ersten Märzhälfte 1983 absolvierte *New Jersey* weitere Schießübungen und besuchte am 22. April für die Länge eines Wochenendes San Francisco. Es folgten Übungen mit der 3. Flotte entlang der Westküste, wobei *New Jersey* auch Brennstoff an zwei Schiffe der Kampfgruppe abgab; damit war auch das neue Beölungsgeschirr an der Steuerbordseite ausprobiert. Am 10. Mai gab es den ersten Tomahawk-Abschuß. Der FK landete – ohne einen Sprengkopf zu besitzen – exakt in seinem Zielobjekt, irgendwo in Nevada. Am 9. Juni, nicht einmal ein halbes Jahr nach der Reaktivierung, lief das Schiff zu seiner ersten längeren Ausbildungsfahrt in Richtung Westpazifik aus, zur 7. Flotte. In Wahrheit waren gerade die kommenden Einsätze der *New Jersey* in erster Linie politisch motiviert. Sollte doch der Kongreß davon überzeugt werden, wie rasch nach der Modernisierung ein Schlachtschiff einsatzbereit sein kann.

Während eines Besuches in Thailand begann für die *New Jersey* am 24. Juli 1983 das, was man mit einiger Untertreibung als ,,Programmänderung“ bezeichnen könnte. Das restliche ,,Programm“ im Bereich Westpazifik wurde gestrichen und das Schiff erhielt Order, beschleunigt in Richtung Westküste Mittelamerikas zu dampfen, um dort – als Folge der Nicaragua-Krise – die amerikanische Flottenpräsenz zu verstärken. Auch die Trägerkampfgruppe um USS *Ranger* (CV-61) kehrte befehlsgemäß um. Während der Rückfahrt formierte sich – mit *New Jersey* an der Spitze – nach und nach eine richtige “Surface Action Group” mit einem Kreuzer, drei Zerstörern und einer Fregatte. Trotz der Eile gab es noch einen viertägigen Aufenthalt auf Hawaii. Der SAG-Befehlshaber, Rear Admiral P. Hekman, setzte seine Kommandoflagge auf CG *Leahy.* Infolge der Eile bei der Reaktivierungsprozedur konnte die Admiralssuite auf der *New Jersey* noch nicht etabliert werden. Die während des Krieges von Admiral Halsey bewohnten Räumlichkeiten wurden 1982 durch den Einbau des Tomahawk-Kontrollzentrums zweckentfremdet. Am 26. August erreichte die Kampfgruppe Zentralamerika und übte dort “showing the flag” bis zum 9. September. Die Rückkehr nach Long Beach war auf den 17. September vorprogrammiert, weil von da ab eine fällige Werftinstandsetzung einsetzen sollte. Am 10. September gab es jedoch erneut einen Programmwechsel und das Schiff bekam Order, durch den Panamakanal in den Atlantik zu verlegen. Bestimmung: Atlantik-Überquerung, Beirut, Libanon, Mittelmeer. Am 15. September gab es in der Höhe von Puerto Rico den ersten Kommandantenwechsel, als Captain R. D. Milligan Captain W. M. Fogarty ablöste, der unmittelbar danach seine Insignien als Commodore anlegen konnte, des Dienstgrads, zu dem er schon vorher befördert wurde. Am 21. September erreichte *New Jersey* nach einer Atlantik-Überquerung mit einer gleichbleibenden Geschwindigkeit von 25 kn das Mittelmeer. In Beirut fanden sich Einheiten der gelandeten Marine Corps-Truppen mit erheblichen Problemen konfrontiert und der *New Jersey* fiel die Aufgabe zu, die Situation vor der libanesischen Küste zu stabilisieren. Dies dauerte viele Wochen; Zeiten des Wartens, der Frustration ... bis dann am 14. Dezember der erste Schießbefehl für die 40,6-cm-Geschütze kam. Teile der Besatzung wurden zuvor durch Reservisten ersetzt, und die ersten kamen am 13. Dezember per Hubschrauber und Landungsboot auf die *New Jersey*, genau rechtzeitig, um bei der ersten Feuerfreigabe „dabei" zu sein. Zuvor hatten die Syrer zwei amerikanische Marineflugzeuge abgeschossen. Bei diesem ersten, kurzen Beschuß auf syrische Stellungen gab es weitere Frustationen. Infolge veralteter Kartuschen war die sprichwörtliche Treffsicherheit der 40,6-cm-Granaten doch beeinträchtigt. Dann aber gab es auch kaum eine Möglichkeit, die eigentliche Wirkung des eigenen Beschußes zu kontrollieren. Erst am 26. Januar 1984 „lieferte" der Versorger USS *Detroit* (AOE-4) neben vielen anderen Gütern auch die dringend benötigten einwandfreien Kartuschen. Obwohl die Moral der Besatzung sehr hoch gewesen sein soll, so war *New Jersey* zur Ablösung überfällig. Sollte die Präsenz der schweren Geschütze jedoch aufrechterhalten werden, so konnte, ja mußte das Schwesterschiff *Iowa* möglichst bald auf der Bildfläche erscheinen. Alle Erwartungen betrafen nun dieses Schiff. Wie aber erging es *Iowa* während der langen Einsatzperiode der *New Jersey*?

Iowa

Nach Bewilligung der erforderlichen Mittel erhielt von fünf an einem Wettbewerb beteiligten Privatwerften Ingalls S.B. in Pascagoula am Golf von Mexico den Zuschlag für die Durchführung der Modernisierung und Reaktivierung der *Iowa*. Es war sicherlich nur eine von mehreren klugen politischen Entscheidungen von John Lehman, hierbei eine Privatwerft einzuschalten. Ab 1. September 1982 begann die Schleppfahrt von Philadelphia, wo *Iowa* seit dem Abgang der *New Jersey* im Jahr 1967 neben der *Wisconsin* lag. Die Werft Avondale bei New Orleans, La., wirkte als Subunternehmer von Ingalls. Dort kam *Iowa* vorerst ins Trockendock, wo Erneuerungsarbeiten am Schiffskörper durchgeführt wurden. Am 30. Januar 1983 wurde *Iowa* dann endgültig nach Pascagoula geschleppt, wo die intensive Modernisierung begann, deren Ende zunächst für Anfang 1985 vorgesehen war. Nachdem die US-Präsenz in Libanon eskalierte und der sicherlich auch als taktische Maßnahme zu beurteilende überstürzte Einsatz der *New Jersey* zustande kam, mußte dringend an deren Ersatz gedacht werden. Zweimal ordnete der Marineminister an, daß *Iowa* nunmehr beschleunigt fertiggestellt wird. Der erste vorgezogene Termin war der 30. Juni, der endgültige dann der 28. April 1984. Die Werftarbeiter von Ingalls arbeiteten rund um die Uhr und schafften das Unmögliche: *Iowa* kam am 28. April in Dienst. Die Mehrkosten hierfür sollen angeblich an die 26 Mio. $ betragen haben.

Der Zufall wollte, daß der Verfasser und sein Begleiter, Herr H. E. Merz, während ihrer USA-Besuche 1984 und 1988 mehrfach mit drei der vier Schlachtschiffe in Berührung kamen. Während *New Jersey* ihre beiden letzten Wochen vor Libanon verbrachte, besichtigten wir Anfang April 1984 die noch konserviert in Philadelphia liegende *Wisconsin*, deren Freigabe zur Reaktivierung noch ausstand. Wenige Tage später, am 10. April, wurden wir im Pentagon vom Marineminister empfangen. Anbindend an die Schlachtschiff-Literatur des Verfassers, die

10. April im Pentagon: Der Verfasser und Herr H. E. Merz werden von dem damaligen Secretary of the Navy, Mr. John Lehman, zu einem längeren Gespräch empfangen. Der Fortgang der Schlachtschiff-Reaktivierung war bei dieser Begegnung das Hauptthema.

In April 1984 Secretary of the Navy John Lehman welcomed the author and Mr. H. E. Merz in his Pentagon office: Main subject during this meeting concerned further development of battleship reactivation.

Lehman als Geschenk erhielt, ging es bei der anschließenden Konversation fast nur um die Schlachtschiffe – Lehmans Lieblingsthema. Es entsprach seiner persönlichen Initiative, als er anordnete, daß uns am 14. April – er wußte, daß wir an diesem Tage zur Taufe von *Vincennes* (CG-49) in Pascagoula weilten – eine Besichtigungstour auf der *Iowa* ermöglicht wird, dies inmitten der Hektik, nur 14 Tage vor der Indienststellung des Schiffes. Es war in Lehmans Dienstzimmer, als uns gemeinsam die Information erreichte, daß *New Jersey* auf dem Rückmarsch aus Libanon gerade Neapel einen Besuch abstattete. 14 Tage danach weilten wir in Bremerton, besichtigten dort die noch eingemottete *Missouri* wie auch die beiden deaktivierten Kreuzer *Chicago* (CG-11) und *Oklahoma City* (CG-5). Wieder per Zufall wurden wir im Büro des Direktors der "Naval Inactive Ships Maintenance Facility" Zeugen eines Telefongespräches, bei dem es um den offensichtlich vorgezogenen Termin zur Abholung der *Missouri* nach Long Beach ging. ,,Die haben es aber eilig, sie wegzukriegen", sagte am Schluß der Direktor. Wir waren vermutlich die letzten Deutschen, die *Missouri* noch an ihrem langjährigen Liegeplatz am Puget Sound betraten und fotografierten. Drei Wochen später, am 15. Mai, wurde *Missouri* aus Bremerton weggeschleppt.

Der Verfasser sah danach die *Iowa* noch zweimal, einmal bei ihrem viel beachteten Besuch im Oktober 1985 in Kiel, dann wieder am 4./5. Juli 1986, als das Schlachtschiff mit dem US-Präsidenten und Mrs. Nancy Reagan auf dem Dach des vorderen überhöhten 40,6-cm-Turmes die Linie der zahlreichen besuchenden Schiffe und der zahllosen Privatjachten und -boote abfuhr. Dies stand in Verbindung mit dem 100-Jahr-Jubiläum der Freiheitsstatue vor New York. Am 22. Oktober 1988 hatten wiederum der Verfasser und seine beiden Begleiter das Privileg, der Wiederindienststellung von USS *Wisconsin* beizuwohnen.

New Jersey

weilte noch volle drei Monate des Jahres 1984 vor Libanon. Am 7. Februar 1984 erfuhr die Besatzung, daß Präsident Reagan die Rückführung der Marines aus den Landstellungen in Libanon angeordnet hat. Dennoch schoß an diesem Tage *New Jersey* ein wenig aus ihren 12,7-cm-Geschützen. Ihren intensivsten Einsatz erlebte das Schiff jedoch am darauffolgenden 8. Februar, als 288 der 40,6-cm-Granaten gegen drusische und syrische Stellungen östlich von Beirut abgefeuert wurden. Danach war an dieser Front alles absolut ruhig. Noch am Morgen des 2. April sagte Captain Milligan seiner Besatzung, daß nach seiner Information das Schiff auf die Ablösung durch die *Iowa* zu warten hätte. Nur anderthalb Stunden später erging der Befehl aus Washington, Beirut umgehend zu verlassen. Der Mittelmeereinsatz der *Iowa* war zum gleichen Zeitpunkt suspendiert. Am 27. April passierte *New Jersey* den Panamakanal in westlicher Richtung und kam am 5. Mai in Long Beach an, elf Monate nach der Abfahrt in den Westpazifik, was eigentlich eine "shakedown cruise" sein sollte, also eine etwas ausgedehnte Ausbildungsfahrt. Was dabei herauskam, war ein abenteuerliches Unternehmen, bei dem das Schlachtschiff sich selbst, der Navy, dem Kongreß (vor allem!) und der ganzen Weltöffentlichkeit beweisen konnte, wozu es fähig und imstande ist. Während dieser Zeit war *New Jersey* abwechselnd den Befehlshabern aller vier Flotten unterstellt, der 3., 7., 2. und 6. Flotte. Nach der lange fälligen ersten Werftinstandsetzung nach der Reaktivierung lief das Schiff im Januar 1985 – mehr als zwei Jahre nach Indienststellung, endlich zu den Abnahmeprobefahrten aus.

Iowa

Obwohl für die *Iowa* ebenfalls erst am 2. April 1984 feststand, daß sie nicht mehr für die Ablösung der *New Jersey* vorgesehen ist, blieb es beim Indienststellungstermin am 28. April. Der Verfasser konnte sich am 14. April von der an Bord herrschenden Hektik überzeugen. Über den weiteren Einsatz des Schiffes sei nachfolgend nur summarisch zu berichten: Der Sommer 1984 brachte Ausbildungsfahrten und Schießübungen in der Karibik und Kurzeinsätze vor der mittelamerikanischen Küste. Im August passierte *Iowa* den Panamakanal, um mit einer SAG im Pazifik zu üben. Für den Rest des Jahres gab es Fahrten entlang der Ostküste, einen Besuch in New York und die Teilnahme an der Übung COMPTUEX 1–85 vor Puerto Rico. Eine Werftinstandsetzung mit Eindockung ab Ende April diente u. a. der Vorbereitung für die Teilnahme am Manöver Ocean Safari ab Ende August, zusammen mit der CVBG um den Träger *America*. Am 12. Oktober schloß sich dann die Ostseeübung BALTOPS 85 an. Nach dieser Übung besuchten *Iowa*, CG-47 *Ticonderoga* und FFG-40 *Halyburton* u. a. Kiel. 33 680 Besucher waren an Bord der *Iowa* und die Nachfrage nach den beliebten Bordmützen war enorm. Am 5. November kehrte die SAG nach Norfolk zurück. Die Monate Februar und März 1986 verbrachte *Iowa* wieder vor der zentralamerikanischen Küste und war dann im Juli in New York Gastschiff für den US-Präsidenten "and his party". Im September beteiligte sich *Iowa* am Manöver Northern Wedding und besuchte im Anschluß daran Portsmouth, England (44 000 Besucher), und Bremerhaven (28 000 Besucher). Das Jahr 1987 brachte für die *Iowa* ausgedehnte Einsätze vor Zentralamerika, in der Nordsee, im Mittelmeer und in der Arabischen See, als Ablösung für die *Missouri*. Rückkehr nach Norfolk: Anfang März 1988. Während seines Besuches in Norfolk sah der Verfasser Anfang Oktober 1988 *Iowa* dort liegen.

Missouri

Die Reaktivierung des Schiffes begann am 25. Mai 1984 in der Marinewerft Long Beach. Werftprobefahrten waren vom Januar bis März 1986. Die Indienststellung fand am 10. Mai 1986 in San Francisco statt. Die "shakedown cruise", die große Ausbildungsfahrt, ging in der zweiten Jahreshälfte rund um den Erdball. Das Schiff repräsentierte die Vereinigten Staaten beim 75. Jubiläum der RAN in Sidney, patrollierte einige Zeit in der Arabischen See, fuhr durch den Suezkanal ins Mittelmeer und kehrte durch den Panamakanal 1987 nach Long Beach zurück. Während seines Besuches in Long Beach sah der Verfasser Anfang Oktober 1988 sie dort liegen.

New Jersey

Die beiden letzten Drittel des Jahres 1984 waren für BB-62 eine Zeit der Konsolidation, es gab vieles auszuprobieren und zu reparieren. Die Familienzusammenführung wurde groß geschrieben. Am 9. Juni gab es einen siebenstündigen Familienausflug, bei dem fast 2300 Angehörige der Besatzung an Bord waren. Die ausgedehnte Werftinstandsetzung in der Marinewerft Long Beach begann am 15. Juni und endete offiziell am 21. November. Wie schon erwähnt, wurde Mitte Januar 1985 die um zwei Jahre verschobene Abnahmeprobefahrt nachgeholt. Ab 4. Februar unternahm *New Jersey* Übungsfahrten entlang der Westküste und kehrte immer wieder nach Long Beach zurück. Mitte Juni kamen 24 Reservisten und 30 Seekadetten an Bord, um das vierwöchige Sommertraining zu absolvieren.

Zwei Kreuzer, drei Zerstörer und eine Fregatte gesellten sich zu *New Jersey,* als sie am 10. Juli zu einer Übungsfahrt in Richtung Hawaii auslief. In Pearl Habor kamen nochmals 24 Seekadetten an Bord. Ab 22. Juli wurde eine Woche lang um Hawaii herum geübt. Von Pearl Harbor fuhr BB-62 am 1. August zu einem siebentägigen Besuch nach San Francisco, von wo aus am 15. August der 40. Jahrestag des Kriegsendes im Pazifik gefeiert wurde. 22000 Besucher waren auf dem Schiff. Am 7. September gab es in Long Beach den nächsten Kommandantenwechsel, als Captain Milligan von Captain Lew Glenn abgelöst wurde. Von den letzten Oktobertagen bis zum Jahresende war *New Jersey* wiederholt in See vor der südkalifornischen Küste. Mitte Januar 1986 gab es wieder einen kurzen Besuch in San Francisco. Es folgten die Vorbereitungen für eine SAG-Übung mit dem Lenkwaffenkreuzer *Long Beach,* zwei Zerstörern, vier Fregatten und einem Versorger. Dabei waren drei mit Tomahawk ausgestattete Schiffe im Verband, so daß der verteilte Offensiveinsatz von Marschflugkörpern geübt werden konnte. Anfang März 1986 begegnete *New Jersey* in der Nähe von Long Beach in See dem Seeversuche laufenden Schwesterschiff *Missouri,* zum erstenmal seit 1954.

Unmittelbar vor dem 43. Jahrestag der ersten Indienststellung lief *New Jersey* am 13. Mai 1986 zur ersten vollen, ausgedehnten SAG-Einsatzfahrt in den Westpazifik, und zwar als Teilnehmer der BBBG Romeo, die aus CGN *Long Beach,* dem Versorger *Wabash* und noch drei weiteren Überwasser-Kampfschiffen zusammengesetzt war. Nach einem Zwischenaufenthalt in Pearl Harbor gab es im Laufe des Sommers mehrere Hafenbesuche in Südkorea, Hong Kong, Subic Bay, Manila, in Thailand und in Sasebo. Während dieser Zeit gab es gemeinsame Übungen mit der thailändischen, australischen und südkoreanischen Marine. Nach einem zweiten Besuch in Inchon übte der Verband mit der CVBG um *Ranger* in der Japanischen See. Vielbeachtet waren Ende September 1986 die dreitägigen Übungen der Gruppe Romeo in der Beringsee, direkt vor der Haustür der Sowjetunion! Dabei waren zugleich (mit DD *Merrill*) drei mit Tomahawk bestückte Schiffe im Verband, wobei Gelegenheit bestand, neue FK-Taktiken auszuprobieren. Im Oktober ging es in Richtung Heimat. Nach einem Besuch in Seattle kam *New Jersey* am 21. Oktober im Heimathafen Long Beach an.

1987 war für *New Jersey* das Jahr der kleineren Übungen in Küstenbereichen und der längeren Werftinstandsetzung in Long Beach vom 9. Februar bis zum 19. Oktober, mit sich anschließenden dreitägigen Probefahrten. Im November gab es, ebenso wie bereits im Januar, mehrwöchige Aufenthalte in San Diego, wo sich die Besatzung Ausbildungslehrgängen beim Fleet Training Center Pacific unterziehen mußte.

Nach einer einwöchigen Übung im Januar 1988 nahm BB-62 teil am im Februar abgehaltenen Manöver Fleetex 88-1; später, fast den ganzen April, an Fleetex 88-2. Ende April besuchte *New Jersey* für drei Tage San Francisco, wonach die Vorbereitungen für die nächste große Einsatzfahrt begannen. Im Herbst 1988 weilte *New Jersey* als Vertreter der USA in Sidney bei den dortigen Jubiläumsfeierlichkeiten.

Wisconsin

Am 16. Juli 1986 wurde bekanntgegeben, daß die Ingalls-Werft in Pascagoula einen 221,8 Mio.-$-Auftrag zur Modernisierung und Reaktivierung der *Wisconsin* erhalten hat. Die Routine lief wie bei *Iowa* erprobt, ab. Bereits Anfang Februar 1986 verließ BB-64 den angestammten Liegeplatz, um „nur um die Ecke" an einer Pier der Marinewerft Philadelphia anzulegen, wo Werftarbeiter mit den Vorbereitungen zur Reaktivierung begannen. Deren Tätigkeit erstreckte sich auf den Ausbau sämtlicher 12,7-cm-Doppeltürme (von denen sechs im Arsenal in Louisville, Kentucky, aufpoliert wurden!), auf die Entfernung der Plastik-Versiegelungen, der Brückenfenster-Blenden, der noch aus dem Zweiten Weltkriege stammenden Kojen und Spinde, sowie sorgfältige Reinigung aller ehemaligen Asbest-Lager. Es wurde auch die Bemastung gekürzt. Ansonsten verlief die Routine wie bei *Iowa:* drei Monate Dockzeit bei Avondale – ab August 1986 – dann, Ende 1986, Verbringung nach Pascagoula, von wo aus das Schiff mehrere Seeprobefahrten unternahm und wo dann am 22. Oktober 1988 die feierliche Wiederindienststellung stattfand. Die U.S. Navy verfügt nun wieder über vier aktive Schlachtschiffe!

Ein Foto der *New Jersey,* aufgenommen im April 1984 vor der französischen Mittelmeerküste, nach Beendigung des Einsatzes vor Libanon.

Another photograph of the New Jersey, *taken April 1984 off the French Mediterranean coast after having finished the Lebanon mission.*

Ein Schlachtschiff wird reaktiviert...

Beobachtungen bei der dritten Indienststellung der *Wisconsin* (BB-64)

Aufgrund eines eigenen Antrages erhielt der Verfasser seitens der U.S. Navy die Genehmigung, an der Wiederindienststellung des vierten und letzten Schlachtschiffes der *Iowa*-Klasse teilzunehmen. Dieses Ereignis fand am 22. Oktober 1988, einem strahlend sonnigen und sehr warmen Samstagvormittag in der Werft Ingalls Shipbuilding in Pascagoula, Mississippi, am Golf von Mexico, statt. Das deutsche „media team", wie das drüben heißt, war das einzige nicht-amerikanische und es bestand aus

- dem Verfasser sowie
- Herrn H. E. Merz und seinem Sohn Achim.

Die deutsche Gruppe hielt sich bereits zwei Tage vor dem Höhepunkt der Tage in Pascagoula auf. Sie wurde seitens der Leiterin des „Naval Media Center", Lt. Cdr. C. Hartshorne auf allen Wegen begleitet. Foto-Erlaubnis für den ganzen Werftbereich wurde erteilt, etwas, was normalerweise nicht möglich ist. Schon ein umgehängter Fotoapparat ruft unmittelbar die stets grimmig aussehende „Security", die Werftpolizei, auf den Plan. All diese Wege hatte uns Carrie, wie wir Lt. Cdr. Hartshorne nennen durften, schon vorher geebnet, so daß wir nicht nur unzählige Fotos der *Wisconsin* machen durften, sondern auch der übrigen an der West Bank liegenden Schiffe, des in Ausrüstung befindlichen Amphibischen Mehrzweckangriffsschiffes *Wasp* (LHD-1), der beiden in Ausrüstung befindlichen AEGIS-Kreuzer *Princeton* (CG-59) und *Chancellorsville* (CG-62) sowie des alten Lenkwaffenkreuzers *Richmond K. Turner* (CG-20), (*Leahy*-Klasse), der sich im Ausdockungsponton befand, um sich dort – in dieser Zeit sah er arg zerzaust aus – einer Kampfwertsteigerung zu unterziehen.

Die Temperaturen des 22. Oktober hätten an sich für die Navy-Angehörigen Grund sein müssen, schneeweiße

20. Oktober 1988 in Pascagoula: Der Schiffskommandant der *Wisconsin,* Captain Jerry Blesch, beantwortet Fragen eines Pressevertreters. Hinter ihm sieht man den Kommandanten des Marine Corps-Detachments, Captain Davis. Links im Bild ist der Presseoffizier, Lt. Cdr. Ahlwardt.

Captain Jerry Blesch, Wisconsin's *Commanding Officer being interviewed by a media member.*

Uniformen anzuziehen. Der Kommandant der *Wisconsin* jedoch, Captain Jerry M. Blesch, dem die Oberaufsicht über sämtliche Organisationsmaßnahmen oblag, ordnete für das gesamte Navy-Personal „marineblaue Uniform" an, was bei der USN in Wirklichkeit „schwarz" bedeutet. Er war der Ansicht, daß sich die Navy in den dunklen Uniformen günstiger darstellen würde. So transpirierte also die Navy an diesem, wie schon an den vergangenen Tagen, während die Pressevertreter und die Zuschauer der Zeremonie generell sommerlich leicht und bunt gekleidet waren.

Die Werft hat – in diesen Dingen bereits geübt! – Tribünen und Stühle für rd. 12000 geladene Gäste bereitgestellt; am Ende schätzte man aber, daß mindestens 14000 anwesend gewesen waren, so daß viele stehen mußten. Sie taten dies genau so geduldig, wie sie sich von den angemieteten Greyhound-Bussen von den geräumigen Parkplätzen zur Werftpier und umgekehrt karren ließen. Der Presse – es waren etwa 50 Bericht- und Fotoberichterstatter zusammengekommen – wurde ein besonders günstiger Platz, etwa gegenüber der Schiffsmitte der *Wisconsin,* zugeteilt. Man hatte die Möglichkeit, entweder an der obersten Plattform eines zweistöckigen Turmes zu stehen, oder am Fuße desselben einen Sitzplatz einzunehmen, was bedeutend günstiger war – man genoß unten so etwas wie Schattenwirkung gegen die sengende Sonne.

Schon geraume Zeit vor Beginn der Zeremonie versammelten sich die geladenen Gäste. Man schätzt, daß etwa die Hälfte aus dem Paten-Bundesstaat Wisconsin angereist war. Die Navy Band aus New Orleans hatte an der Pier, etwa in Höhe des vorderen 40,6-cm-Turmes, ihre eigene Plattform, von der aus sie flotte Musik, später auch die Nationalhymne, spielte. All dies, wie auch sämtliche Ansprachen wurden über Lautsprecher übertragen. Kurz vor Beginn der Feier um 11 Uhr Ortszeit marschierte auf dem Hauptdeck der *Wisconsin* in zwei knappen Zügen etwa die Hälfte des zum Schiff gehörenden Marine Corps-Detachments auf. Der Fahnenzug führte die Nationalflagge der USA sowie die Zeremonienfahnen der U.S. Navy und des U.S. Marine Corps. Von einem separaten Rednerpult führte der IO des Schiffes („Executive Officer") Captain W. A. Coleman, Jr., über Lautsprecher Regie. Er stellte die einzelnen Ehrengäste vor, die dann – je nach Popularitätsgrad mehr oder weniger beklatscht – zur Ehrentribüne unterhalb der Schiffsbrücke traten. Hauptredner des Tages war der ehemalige Senator von Texas, John G. Tower, der als einziger mit dem Kommandanten die USMC-Abordnung abschritt. Tower hatte es selbst bis zum Stabsoberbootsmann bei der Navy-Reserve gebracht; weit mehr bekanntgeworden ist er jedoch als Vorsitzender von Streitkräfteausschüssen des Senats im Kongreß, wie auch als Unterhändler für Abrüstung in Genf. Zu den weiteren, oft humorvoll agierenden Rednern gehörten: der Präsident von Ingalls S. B. St. Pé, der Gouverneur von

Allzeit hilfsbereit: Lt. Cdr. Carrie Hartshorne, die Leiterin des Pressezentrums, und Lt. Cdr. Ahlwardt von der *Wisconsin.*

Always helpful: Lt. Cdr. Carrie Hartshorne, head of the Naval Media Center at Pascagoula, and Lt. Cdr. Ahlwardt, PAO on USS Wisconsin.

Wisconsin Tommy G. Thompson, der Marineminister William L. Ball III und Admiral Frank B. Kelso II, Befehlshaber der US-Flotte im Atlantik (CINCLANTFL) und bereits ernannter Oberbefehlshaber Atlantik (US-,,Hut") und allierter Oberbefehlshaber Atlantik (NATO-,,Hut").

Nach den Ansprachen verlas Captain Blesch seine Indienststellungsorder, der IO bestimmte die erste Schiffswache, die Nationalflagge wurde am Gittermast gehißt, danach die persönliche Standarte des SECNAV. Ihm zu Ehren wurden 19 Schuß Salut abgefeuert. Danach ließ der junge Wachoffizier die an der Pier angetretene Besatzung das Schiff stürmen. Dies geschah im Laufschritt und in wenigen Minuten vollzogen die Matrosen das "manning the rails" bis zur Höhe des Vormarses hinauf.

Als besonders attraktiv erwies sich die übliche Aktion "bringing the ship to life". Alles, was irgendwie beweglich war, bewegte sich plötzlich: Leitgeräte, Radarantennen; die 12,7-cm-Rohre wurden auf 87° erhöht und die Doppeltürme um 90° geschwenkt. Die in Nullstellung auf 30° angehobenen 40,6-cm-Geschützrohre gingen auf unter 0° herunter und die Türme wurden zu den Betrachtern geschwenkt. Die Phalanx-Geschützanlagen verbeugten sich mehrmals artig mit ihren weißen Radarköpfen. Die (leeren) Tomahawkstarter gähnten und klappten dann wieder zu. Die Harpoon-FK konnten noch nichts tun, weil es sie einmal nicht an Bord gab, und weil sie auch sonst dazu bestimmt sind, unbeweglich zu sein. Das Nebelhorn dröhnte mehrmals und schwarzer Rauch entquoll beiden Schornsteinen. Gottlob waren es diesmal keine Luftballons, die aus den Schornsteinen abgelassen wurden. All dies stand im Einklang mit dem frisch gepönten Schiff, das über die ganze Länge ,,Festkleidung" in Form von in waagerechter Richtung angebrachten blau-weiß-roten Bändern angelegt hatte.

Damit war die bunte Feier zu Ende und zahlreiche Zuschauer nahmen das Angebot an, für kurze Zeit in Massen das Vorschiff der *Wisconsin* zu betreten. Die Presseleute wurden im bereits vorgekühlten weißen Navy-Bus zum ,,Media Center" zurückgebracht, wo man sich ein wenig erholen konnte, bevor man definitiv Abschied nahm von den so hilfreichen Navy-Betreuern. Für Angehörige einer schlachtschifflosen Nation war dies schon ein unvergeßliches Erlebnis*.

* Der Ordnung halber sei hier darauf hingewiesen, daß der Verfasser und Herr Merz sen. im April 1984 in Pascagoula an der Taufzeremonie für USS *Vincennes* (CG-49) teilgenommen haben, bei welcher Gelegenheit sie auch das 14 Tage vor der Wiederindienststellung stehende Schlachtschiff *Iowa* (BB-61) besichtigt haben.

Feierlich-fröhliche Stimmung bei der Wiederindienststellung der *Wisconsin* am 22. Oktober 1988 auf der Ingalls-Werft. Ganz links im Bild die Ehrentribüne.

A close-up showing the end of recommissioning ceremony for USS Wisconsin. This photograph was taken on Ingalls S. B. Yard at Pascagoula, Miss.

Bildteil

Iowa (BB-61)

Während Schießübungen in der Karibik feuern auf einmal neun 40,6-cm- und sechs 12,7-cm-Rohre der *Iowa* zugleich. Dieses Foto entstand am 1. Juli 1984.

This vertical port view of the Iowa *shows the ship firing 15 of her guns at the same time, nine 16 inch, and six 5 inch barrels.*

14. April 1984: Genau 14 Tage vor der Wiederindienststellung wurde hier USS *Iowa* (BB-61) an der Ausrüstungspier der Ingalls-Werft aufgenommen. Während die Vomars-Form der von BB-63 und -64 entspricht, unterscheidet sich der ehemalige Bug-20-mm-Stand etwas von dem der Schwesterschiffe.

USS Iowa *(BB-61) on 14 April 1984, just 14 days before recommission. Take note of the different bow gun tub in comparison with those of the sisterships.*

Dieses am 19. Oktober 1985 in Kiel aufgenommene Foto zeigt den Kommandanten, Captain Gneckow.

During the first port visit to a West German Naval Base in September 1985 in Kiel: This photo shows Captain Gneckow, the Commanding Officer at that time.

Dieses undatierte Foto der *Iowa* muß etwa 1984 aufgenommen worden sein.

This photograph shows the impressive beam view of the mighty Iowa.

Dieses Detailfoto wurde am 25. Oktober 1985 in Kiel aufgenommen. Zu sehen sind: der Strahlabweiser für Tomahawk-FK, eine der vier Phalanx-Geschützanlagen, der achtere Schornstein, die Hälfte der Mk-141-Startgestelle für Harpoon-FK und die Satellitenantenne OE-82B.

This close-up was taken on 25 October 1985 in Kiel. The blast deflector for two Tomahawk ABL Mk 44, one of four CIWS MK 15 Phalanx, the second stack, two out of four Mk 141 Harpoon launchers, as well as the satellite antenna OE-82B can be seen.

Bei derselben Gelegenheit aufgenommen: Die Steuerbordansicht der Brücke. Zu beobachten ist der auf dem Signaldeck stehende Wachposten des Marine Corps mit einem schußbereiten M-16-Gewehr, der eventuelle Terroristen abzuwehren hätte.

See the USMC guard, watching for possible terrorists. He is armed with a M 16 rifle.

Der modifizierte Vormars der *Iowa* entspricht dem auf *Missouri* und *Wisconsin.* Von oben nach unten sind sichtbar: TACAN-Antenne URN-25, UKW-Antennen für Data Link-Empfang, Luftüberwachungs-Radarantenne SPS-49, FLG Mk 38 mit FL-Radar Mk 13, eine von zwei Satellitenantennen OE-82B sowie ein Paar Antennengruppen für die ECCM-Anlage SLQ-32 (V) 3.

The fore top of the Iowa *is identical to that of* Missouri *and* Wisconsin. *From the mast top following gear can be seen: TACAN aerial URN-25, VHF-antennas for data link transmission, air search radar antenna SPS-49, the GFCG Mk 38 with GFC radar Mk 13 on top of it, and OE-82B satellite antenna as well as one pair of ECCM antenna groups SLQ-32(V)3.*

Erst während der letzten Modernisierung wurde der Beölungsladebaum an der Steuerbordseite der Schlachtschiffe angebracht.

Replenishment-at-sea station. All four battleships received this singular fuel replenishment boom when modernized the last time.

4. Juli 1986 vor New York City: *Iowa* fungiert als Gastschiff für den Präsidenten der USA und Mrs. Reagan. Die Aufnahme entstand vom Flugzeugträger *John F. Kennedy* aus. Auf dem Achterschiff befindet sich ein Hubschrauber des Marine Corps vom Typ VH-3A, zu Staffel VMX-1 gehörend.

The USS Iowa *as host ship for President Reagan and his wife during the festivities of 4th of July 1986, the 100th anniversary of the Statue of Liberty. This photograph shows the USS* Iowa *passing the aircraft carrier* John F. Kennedy *(CV-67).*

Präsident Reagan und seine Begleitung befanden sich in einem geschützten Stand auf Turm A, während das Schiff die Ansammlung der vor Anker liegenden Schiffe und Boote abfuhr.

The 16 inch turret no. 1 was the presidential platform when USS Iowa *passed the anchored warships and private boats.*

Einen Tag später: *Iowa* liegt an Pier 1 der früheren Marinebasis Brooklyn, über die Toppen geflaggt. Schlachtschiffe führen noch die alten Gummi-Rettungsflöße, weil es sich herausgestellt hat, daß die Plastikbehälter der neuen, selbst aufblasbaren Rettungsinseln dem Gasdruck beim Feuern der 40,6-cm-Geschütze nicht standhalten.

5 July 1986 saw the Iowa *docked along pier 1 of the former Brooklyn Naval Station. The battleships still embark the old rubber life rafts, since it was sure that the new plastic-covered life islands did not resist the detonation blast of the 16-inch-guns.*

Ein eindrucksvolles Detailfoto der *Iowa* während eines Besuches in Portsmouth, England, am 26. September 1986.

An impressive close-up, showing the USS Iowa *when departing Portsmouth, England on 26 September 1986.*

Achterschiff-Details der *Iowa*, aufgenommen während der Abfahrt des Schiffes aus Kiel am 26. September 1985. Beachtenswert sind die Öffnungen für das Kabel der Torpedoablenkanlage SLQ-25 NIXIE.

USS Iowa *departing Kiel on 26 September 1985. Remarkable are the former gun tubs as well as both openings in the ship's transom, where the noise generators for the torpedo decoy system SLQ-25 NIXIE are released on long cables.*

Ein Jahr später: USS *Iowa* besucht Bremerhaven, wo dieses Foto am 2. Oktober 1986 entstand.

Iowa *visiting Bremerhaven on 2 October 1986 where this photograph was taken.*

Wieder ein Jahr später: Mittelschiff der *Iowa,* aufgenommen am 23. September 1987 während eines Besuches in Neapel, Italien. Irgendwann im Jahr 1987 begann auf dem Schiff der Betrieb mit den Aufklärungsdrohnen ,,Pioneer". Beweis dafür ist die auf der Vorderkante des achteren Schornsteins befindliche Ortungsantenne.

23 September 1987: USS Iowa *off Naples, Italy. Sometime in 1987 this ship started operating with remotely piloted vehicle (RPV) system "Pioneer", to be recognized on the tracking radar antenna radome on the after stack and which designation has not yet been known.*

Nicht datiert sind diese Aufnahmen der *Iowa* aus dem Jahre 1987, aus denen die Eleganz dieses Entwurfs hervorgeht. Stets beeindruckend sind die 40,6-cm-Geschütztürme, das Hauptkapital des Schiffes während diverser Küstenbombardements im Zweiten Weltkrieg und vor Korea.

These photographs underline two facts: the slim lines of this ship type as well as the size of its main capital, the mighty 16 inch gun turrets.

New Jersey (BB-62)

Dies waren die ersten Fotos eines reaktivierten Schlachtschiffes. Sie entstanden allesamt im September 1982 während der Seeversuche der *New Jersey*. Es zeigte sich, daß das Schiff nach dem Umbau nichts an Eleganz eingebüßt hat. Besonders eindrucksvoll ist die achterliche Sicht auf das Schiff, das hier vermutlich an die 30 kn läuft.

These were the first actual photographs of the USS New Jersey *after having been modernized. They were taken in September 1982 during speed trials in the Pacific.*

Vor der letzten Reaktivierung verbrachte USS *New Jersey* (BB-62) 12 Jahre eingemottet im Reservestatus in der Marinewerft am Puget Sound, wo im April 1981 dieses Foto entstand.

This photograph shows the New Jersey *during her last mothballing period. It was taken in April 1981, three months before being towed from Bremerton, Wash. to Long Beach, Cal.*

62

62

◀ Hier kann man deutlich die abweichende Ausführung des umgebauten Vormarses der *New Jersey* sehen. Das Foto ist leider undatiert.

This undated photograph shows that the fore top of the New Jersey *ist of different shape in comparison to the sisterships.*

Diese drei Fotos wurden Mitte April 1984 aufgenommen, als *New Jersey* auf dem Rückweg von der überlangen ersten Einsatzfahrt vor der Libanonküste die französische Riviera passiert.

These photographs, taken in April 1984, show USS New Jersey *when passing the French Riviera after the first very long deployment off the coast of Lebanon.*

Missouri (BB-63)

Am 23. April 1984 entstanden in Bremerton die vermutlich letzten Fotos der *Missouri* (BB-63), die von nicht-amerikanischen Besuchern am jahrelangen Liegeplatz des Schiffes im Bereich der Marinewerft Puget Sound aufgenommen wurden. Dieses wurde von Bord des gegenüber der *Missouri* liegenden ehemaligen Lenkwaffenkreuzers *Chicago* (CG-11) aufgenommen, drei Wochen bevor das Schiff nach Long Beach abgeschleppt wurde. Die Konservierungsblenden wurden von den Brückenfenstern bereits abgezogen, und vom Achterschiff aus entfernten Werftarbeiter aus dem Schiffsinneren nicht mehr brauchbares Inventar aus der Zeit der letzten aktiven Periode des Schiffes.

One of the last pictures showing USS Missouri *(BB-63) on the docking place within NISMF Bremerton, Wash. This photograph was taken 23 April 1984, only three weeks before* Missouri *was towed to Long Beach to be modernized and reactivated.*

April 1986: *Missouri* bei Rückkehr von den Seeprobefahrten.

April 1986: USS Missouri *returning from sea trials.*

5. Mai 1986: *Missouri* auf dem Wege von Long Beach nach San Francisco zur Wiederindienststellung.

5 May 1986: USS Missouri *on her way from Long Beach to San Francisco for recommissioning ceremonies.*

Mit angetretener Besatzung läuft *Missouri* unter der Golden Gate Bridge in die Bucht von San Francisco ein, um am selben Tage, dem 10. Mai 1986, wieder in Dienst gestellt zu werden.

10 May 1986: USS Missouri *approaching Fort Point and the Golden Gate Bridge while en route to San Francisco for recommissioning.*

Erste Station während der Weltumrundung der *Missouri* war Pearl Harbor, Hawaii, wovon diese beiden Fotos zeugen, die am 17. September 1986 aufgenommen wurden. Zwischen den beiden achtern aufgestellten Phalanx-Anlagen findet man, etwas verborgen, ein Radom mit der Satellitenantenne zum System WSC-6. Beachtenswert ist die täuschende Ähnlichkeit mit der RPV-Ortungsantenne auf *Iowa*. WSC-6 wurde später entfernt.

Both these photographs show USS Missouri *anchoring at Pearl Harbor, Hawaii, during the globe circumnavigation. Note the radome belonging to the satellite receiving system WSC-6. This radome is different from the one seen on other US ships, resembling the one for the RPV system on USS* Iowa.

Die ausgedehnte Ausbildungsreise führte *Missouri* rund um die Weltkugel. Das am 1. Oktober 1986 aufgenommene Foto zeigt das Schlachtschiff bei der Ankunft in Sydney, Australien, wo es beim 75. Jubiläum der australischen Marine die U.S. Navy vertrat.

1 October 1986: On her way around the globe USS Missouri *arrives at Sydney, Australia, to participate in the 75th anniversary of the Royal Australian Navy.*

Während des Aufenthaltes in Sydney entstand am 5. Oktober 1986 diese schöne Aufnahme der *Missouri*.

This photograph was taken off Sydney on 5 October 1986.

Auf ihrem Wege um die Weltkugel passierte die *Missouri* auch das Mittelmeer. Kurz vor der Atlantiküberquerung auf dem Wege zum Panamakanal besuchte das Schiff Lissabon, wo am 25. November 1986 dieses Foto aufgenommen wurde.

Shortly before the end of globe circumnavigation Missouri *passed the Mediterranean and visited Lisbon, where this photograph was taken on 25 November 1986.*

Mehr als ein Jahr danach: *Missoury* weilte wieder in Sidney, wo am 29. Dezember 1987 dieses Bild entstand.

More than a year later: Missouri *visiting Sydney again, where this photograph was taken on 29 December 1987.*

Sommer 1988: USS *Wisconsin* (BB-64), aufgenommen während der Seeversuche.

In summer 1988 USS Wisconsin *performed sea trials in the Pacific, when this bow photogaph was taken.*

Dieses Foto der noch eingemotteten *Wisconsin* entstand im April 1984 an dem langjährigen Liegeplatz des Schiffes im Bereich der Marinewerft Philadelphia.

The still mothballed Wisconsin *on her berthplace in the NISMF Philadelphia. The photograph was taken in April 1984.*

Wisconsin (BB-64)

Zwei Ansichten der *Wisconsin,* die an der Ausrüstungspier von Ingalls West Bank liegt. Diese und alle nachfolgenden Fotos wurden vom Verfasser am 20. und 22. Oktober aufgenommen.

Awaiting recommission: USS Wisconsin, *berthed on Ingall's West Bank Pier. These and all following photographs were taken by the author between 20 and 22 October at Pascagoula.*

Die beiden vorderen 40,6-cm-Drillingstürme der *Wisconsin.*

The two forward 16 inch turrets.

◀ Auf allen vier Schlachtschiffen vorhanden: Hochfrequenz-Nachrichtenverbindungsantenne. Sie muß zur Vermeidung der Interferrenz stets weit abseits von anderen, ähnlichen Antennen aufgestellt werden. Außerdem soll sie frei stehen, d. h. in der Wirkung nicht durch Aufbauten eingeschränkt sein.

"HF discage/discone antenna" is the designation for the huge communication antenna placed on the foreship of all four reactivated battleships.

▲ Details des bei der letzten Modernisierung stark veränderten Vormarses. In dem Anbau befinden sich offensichtlich Elektronik-Räume. Die kleine Antennengruppe unterhalb von SLQ-32 gehört auch zu dieser ECCM-Anlage.

Close-ups of the fore top extension structure after having been modernized.

Dieses eindrucksvolle Foto zeigt *Wisconsin* während der Seeversuchsfahrten im Sommer 1988.

This impressive photograph of the USS Wisconsin *was taken in summer 1988 during sea trials.*

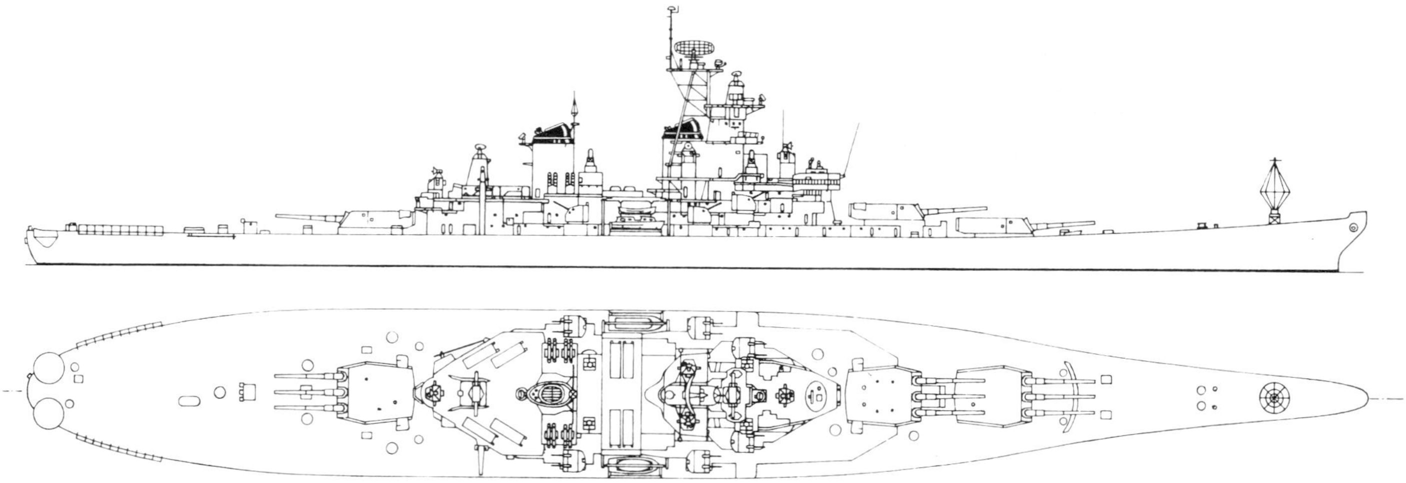

New Jersey 1982

Zwei Ansichten vom Seitendeck achtern: Beölungsladebaum, FLG Mk 38 und Mk 37 (letzterer zeigt ,,Rücken"), zwei Tomahawk-Starter.

Two views of the after superstructure supporting two ABL Mk 44, the GFCG Mk 38 and Mk 37, the last one showing its backside.

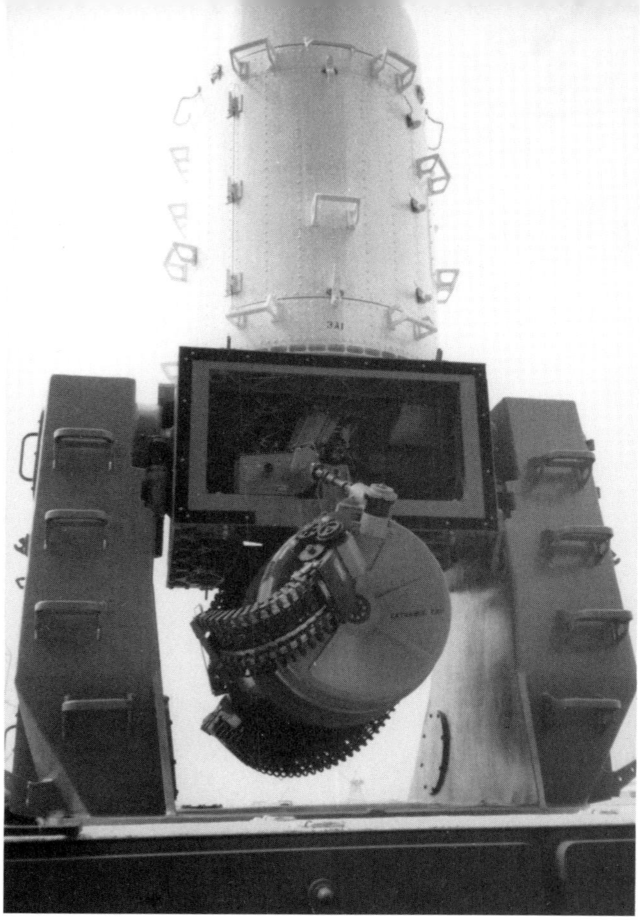

Seiten- und Achteransicht der 20-mm-Geschütz-Nahabwehranlage CIWS Mk 15 Phalanx, eine der wichtigsten Abwehrwaffen eines jeden modernen Kriegsschiffes.

Two views on CIWS Mk 15 Phalanx. The 20 mm ammunition can be recognized on the rear view.

Die große Plattform des einzigen Mastes beherbergt die beiden Radarantennen zu den Anlagen SPS-49 und SPS-67. Auf der Mastspitze sieht man TACAN URN-25. Entlang des schmalen Mastes sind UKW-Antennen angebracht, die u.a. für den Empfang von verzugsfreien Gefechtsinformationen (Data Link) angebracht sind.

Wisconsin's *masttop contains both radar aerials SPS-49 and SPS-67 as well as TACAN URN-25 and some smaller VHF-antennas, primarily destinated for the transmission of Data Link information.*

▲

Bereich achterer Schornstein: eine der Phalanx-Geschützanlagen mit eigenem Unterbau und zwei Startgestelle Mk 141 für Harpoon. Die Harpoon-FK-Rohre gehören praktisch zur Munition; sie werden an Bord gebracht, wenn auch sonst aufmunitioniert wird, und von Bord genommen, wenn ein längerer Hafen- oder Werftaufenthalt bevorsteht.

The area around the after stack accommodates on both sides one of four CIWS Mk 15 Phalanx as well as two of four Harpoon launchers Mk 141. The related tubes, including the missiles, are usually taken aboard when the ship is at sea. Before the ship moves into yard or port, the tubes are removed.

Eines der wirksamsten Abwehrmittel eines jeden modernen Schiffes gegen anfliegende Flugkörper: Düppelkartuschenwerfer der Anlage Mk 137. Jedes Schlachtschiff verfügt über ein Maximum von acht dieser Mk 36-Werfer, von denen eine Hälfte hier abgebildet ist. Bei Annäherung eines oder mehrerer FK werden Kartuschen abgeschossen, in denen sich Stanniolstreifen befinden. Die Stanniolwolke stellt für die FK-Radarortung praktisch ein geschlossenes Ziel dar, das dazu da ist, um von dem richtigen Ziel abzulenken.

One half of Wisconsin's *eight SRBOC throwers Mk 36 can be seen on this photograph.*

▲ Zwei von acht Startern ABL Mk 44 für Tomahawk-Marschflugkörper. Jeder Starter faßt vier FK, für die es nukleare sowie konventionelle Sprengköpfe gibt. Tomahawk wird zur Bekämpfung von Land- bzw. Seezielen auf große Distanz verwendet.

Two out of eight Tomahawk ABL Mk 44. The missiles are launched across the ships beam in such way that the blast does not affect parts of the ship.

Der mehrere Decks hohe, gepanzerte Kommandostand, um den herum die eigentliche Kommandobrücke gezogen wurde. Hier aufgenommen auf USS *Iowa*.

This photograph shows the heavily armored command citadel, surrounded by bridge structure.

30. August 1988: USS *Wisconsin* (BB-64) beim Einschießen der Artillerie.

USS Wisconsin *firing her big 16-inch guns during sea trials after refit.*

Wenn Sie's genau wissen wollen:
Marineliteratur von Bernard & Graefe

Stefan Terzibaschitsch

Seemacht USA

Rüstung, Organisation, Dislozierung, Entwicklung

2 Bände, 852 Seiten und 4 Bildtafeln, 658 Farb- und Schwarzweißfotos, 212 Schiffsskizzen, 4 Karten, 50 Organigramme, Leinen. Nur komplett lieferbar. ISBN 3-7637-5411-3

»Die beiden Bände ... sind eine großartige Edition.« *Marineforum*

»... bietet einen umfassenden, genauen und vor allem zuverlässigen Überblick über die Seemacht USA von heute ... Man sucht vergeblich nach einem vergleichbaren Werk, das eine einzelne Marine mit soviel Akribie und Sachkunde darstellt ... Was man in renommierten Handbüchern oft vergeblich sucht, findet man in Terzis Werk ...« *Marine-Rundschau*

Jahrbuch der U.S. Navy

Herausgegeben von Stefan Terzibaschitsch

Folge 1 – 1986/87
96 Seiten, 162 Fotos, 24 Schiffsskizzen. Format DIN A4. Gebunden. ISBN 3-7637-4790-7

Folge 2 – 1987/88
96 Seiten, 153 Fotos, 21 Schiffsskizzen. Format DIN A4. Gebunden. ISBN 3-7637-4791-5

Folge 3 – 1988/89
Schwerpunktthema: Die Luftstreitkräfte der U.S. Navy, des U.S. Marine Corps und der Küstenwache
96 Seiten, 131 Fotos, 116 Flugzeug- und Hubschrauberskizzen. Gebunden. ISBN 3-7637-4792-3

»Der Überblick ist gelungen. Gemeinsam mit dem zweibändigen Werk ›Seemacht USA‹ ... hat der Leser wirklich die US Navy so vollständig im Bücherschrank, wie das mit den Mitteln des gebundenen Buches überhaupt nur vorstellbar erscheint.« *Die Welt*

Wilhelm Donko

Die Atom-Kreuzer der U.S. Navy

Eine wichtige Komponente moderner Seemacht
134 Seiten, 186 Fotos, 2 Skizzen. Leinen. ISBN 3-7637-5836-4

Stefan Terzibaschitsch

Flugzeugträger der U.S. Navy

Band 1: Flottenflugzeugträger
2., überarbeitete und erweiterte Auflage. 382 Seiten, 371 Fotos, 98 Schiffsskizzen. Gebunden. ISBN 3-7637-5803-8

Band 2: Geleitflugzeugträger
229 Seiten, 238 Fotos, 94 Schiffsskizzen. Gebunden. ISBN 3-7637-5212-9

»Auch der vorliegende Band belegt, daß Terzibaschitsch erneut mit viel Akribie ans Werk gegangen ist. Im Hauptteil wird jeder Geleitflugzeugträger – gruppiert nach Schiffsklassen – mindestens in einem Bild, mit technischen Daten und mit einer entsprechenden Kurzbiographie vorgestellt.« *Allgemeine Schweizerische Militärzeitschrift*

»Die beiden Bände stellen das derzeit aktuellste und umfassendste Informationswerk über die U.S. Navy dar ...« *Österreichische Militärische Zeitschrift*

Eberhard Rössler

U-Boottyp XXI

4., überarbeitete Auflage. 189 Seiten, 54 Fotos, 103 Skizzen und Detailzeichnungen, 1 beigelegter Faltplan. Gebunden. ISBN 3-7637-5806-2

»... kann als Musterbeispiel für präzise und umfassende Information über ein Einzelthema des Marinewesens gelten. Mit außerordentlichem Detailreichtum ... verdient hohes Lob ... der Kenner kommt in jedem Fall auf seine Kosten.« *Militärgeschichtliche Mitteilungen*

Fritz Köhl

Vom Original zum Modell: Uboottyp XXI

64 Seiten, 107 Farb- und Schwarzweißfotos, 20 Pläne mit zahlreichen Konstruktionszeichnungen und Detailskizzen. Format DIN A4. ISBN 3-7637-6000-8

Fritz Köhl

Planrolle: Uboottyp XXI

20 großformatige Pläne (DIN A1) mit zahlreichen Konstruktionszeichnungen und Detailskizzen. Stabile Papprolle. ISBN 3-7637-6001-6

Weyers Flottentaschenbuch

Warships of the World
Herausgegeben von Gerhard Albrecht
59. Jahrgang – 1988/89
Vorwort von Norman Polmar
888 Seiten, 902 Fotos, 1062 Schiffsskizzen, 4 farbige Flaggentafeln. Plastikeinband. ISBN 3-7637-4503-3

Peter Kirsch

Die Galeonen

Große Segelschiffe um 1600
232 Seiten, 139 Abbildungen (Fotos, Zeichnungen, Pläne, Detailskizzen), 12 Farbabbildungen auf den Vorsätzen, 14 Konstruktionszeichnungen auf zwei beigelegten großformatigen Faltplänen. Leinen. Schuber. ISBN 3-7637-5470-9

Gerhard Koop

Die deutschen Segelschulschiffe

Unter Mitarbeit von Klaus-Peter Schmolke
144 Seiten, 126 Fotos, zahlreiche Pläne, Konstruktionszeichnungen und Detailskizzen. Gebunden. ISBN 3-7637-5860-7
Lieferbar ab Juni 1989.

Gerhard Koop/Klaus-Peter Schmolke

Planrolle: Segelschulschiff Gorch Fock (II)

12 Pläne (Format DIN A1) mit Konstruktionszeichnungen und Detailskizzen. Stabile Papprolle. ISBN 3-7637-5861-5
Lieferbar ab Juni 1989.

Unsere Bücher sind jederzeit über den Buchhandel zu beziehen. Wir informieren Sie gern unverbindlich über unser weiteres Buchprogramm. Fordern Sie bitte die Themenprospekte »Geschichte/Politik/Wehrwesen«, »Luftfahrt«, »Marine«, »Recht und Wirtschaft/Beschaffungswesen« an.

Bernard & Graefe Verlag · Karl-Mand-Straße 2 · 5400 Koblenz · Tel.: (0261) 80706-0